バイリンガルな日本を目指して

マーシャル・R・チャイルズ

バイリンガルな日本を目指して

イマージョン教育からわかったこと

中里京子訳

学 樹 書 院

Towards a bilingual Japan

Findings about immersion

by Marshall R Childs
Translated by Kyoko Nakazato
(Coordinator: David P Baca)

This book is published in 2011 by Gakuju Shoin KK, Tokyo, by arrangement with the author and with permission by The Yomiuri Shimbun.

序文

日本における英語教育の人気は、一世紀以上にわたって浮沈をくりかえしてきた。けれどもその間ずっと変わらなかったものがある。それは外国語学習に対する日本の熱意だ。明治初期、かつての武士《サムライ》によって占められた文部省が、甚大な努力を一貫して言語教育に傾注しだして以来（武士階級は、怒声、突き、身ぶり手ぶりといった禅寺教育の伝統を広めたとして称賛されていた）、日本政府は外国語教育を熱心に推し進めてきた。ところが現在、より広範囲にコミュニケーションを図るための言語として政府が英語教育を鋭意推進しているにもかかわらず、学習者や教育者の多くは、英語に手こずっているように見うけられる。日本人の平均的な英語学習者は知的な努力家だから、適切な指針と指導が得られれば、最終的には、英語を十分なレベルにまで身につけることができるはずだ。けれども、これが現在の平均的な姿であるとはとても思えない。第一言語の獲得には、言語を初めて学び、文法的な能力を築いていくことが関わってくるが、第二言語の習得にはそれ以外のさまざまな要因が介在する。

では、英語の習得に難儀している理由とは、いったい何なのだろうか。その理由は、自らの手本とし、さらには実際に相対して練習することができる英語モデルが存在しないからだろうか？　ほとんどの日本人の英語教師の英語はネイティブスピーカーのレベルに達していないいため、容認できる程度の英語に学習者が到達することなど、どだい無理な話なのだろうか――英語に存する音やリズムといった特質は、この言語を身につける上で最も難しい局面で、そういった音は非常に密接に言語に組み込まれている。さらに、これには、学習者が英語に接する頻度の問題も関わってくる。この頻度が低ければ、学習者は、ネイティブスピーカーとよりも、学習者同士、あるいは教師と会話することになる。こういったレベルの言語――第二言語習得の初歩的なレベルにあり、しかも第一言語の構造を色濃くそなえたもの――を日常会話で使うとすれば、その結果は、稚拙なレベルの第二言語が手に入れられるだけに終わらないだろうか？

手短に言うと、日本における言語教育とは、学習者の頭にフラッシュカード、単語リスト、黒板に書かれた文法、入試合格という目標を詰め込むものでしかなくなってしまったように見える。今では、受験英語に代表されるような、言語に対する〝規範的〟アプローチがしっかりと足場を固めてしまっている。こういった状況は、どうすれば改善できるのだろう？　私は、このような問題に答えを出すことにおいて、日本における英語教育の難しい局面と意欲的に取り組んできた著者ほどふさわしい人物を他に知らない。

著者マーシャル・R・チャイルズ博士は、九年間にわたり『デイリー・ヨミウリ』紙に、月一回のコラム〝プラクティカル・リングィスト（The Practical Linguist）〟を連載してきた。本書は、これらのコラムを精選して一冊にまとめたもので、興味を引く刺激的な思考、豊かな情報、知的チャレンジが詰まっている。

本書は三部編成で、各部はトピックごとの章に分かれている。この編成により、読者は興味のあるトピックをすぐに見つけることができるだろう。けれども本書の価値をじゅうぶんに引き出すためには、是非、最初から読み進んでいただきたい。

第一部と第二部では、日本における英語学習政策と実際に行われている英語教育について、何が正しく、何が間違っているのかについて読者の注意を喚起する。第三部では、どうすれば、制度化してしまった英語教育の伝統と指導方法を向上——あるいは場合によっては中止——させることができるのかについて助言を行う。とはいえ、これから続く本文の中では、三週間で英語が簡単に身につくといったような眼をみはる発見とか、特殊な学習法や教授テクニック、あるいは外国語をマスターするための胸踊る〝特別の秘密〟などが明かされるとは期待しないでほしい。チャイルズ博士が読者に差し出しているのは、いわば第二言語にまつわる諸問題の優れた暴露記事《エクスポゼー》だ。それは生徒、親、教師、学校、教育政策立案者にかかわらず、あらゆる読者にとって、学習目標を現実的かつ実践的に達成する方法を、創造的かつ斬新な視点で眺める機会を提供してくれるだろう。言語の学習や指導は、やる気をくじいたり不安に陥れたりするものであってはならない——ただしそうならせないためには、学習者や指導者それぞれが、失敗は選択肢にはない、と自分に言い聞かせることが必要だ。

デイヴィッド・P・ベイカ

目次

はじめに

わたしは物覚えのよい語学学習者ではありません。昭和六十年（一九八五年）に来日して以来、人々の話が完全に理解できないことに日々フラストレーションを募らせてきました。機会がないから、なかなか日本語がマスターできないわけではないのです。ＩＢＭの仕事で日本に来た最初の五年間は、日本語教育の専門家やプロの語学教師から日本語の指導を受けていました。さらには妻も日本人です。仕事の上でも、毎日多くの日本人とやりとりしています。にもかかわらず、日本語の習得は遅々として進みません。

物覚えの悪い語学学習者であることには、ひとつ恩恵があります。それは、英語を習得しようと努力している日本の方々のフラストレーションが痛いほどよくわかることです。そのためわたしは、平成三年以来、第二の職業人生を、言語習得における問題点の研究、とりわけその心理学的プロセスと実践的な語学指導の研究に費やしてきました。その結果、わたしが日本語をなかなか習得できない大きな理由は、話すことと聞きとることを、過度に理屈でとらえようとしていたためだと思い至りました。とはいえ、この問題を抱えているのは、わたしに限ったことではありません。日本における英語教育と英語学習には、こういった考えが満ち溢れています。つまり、言語を理論的にとらえすぎる傾向が、語学教育における固定観念として教育組織や教育現場に組み込まれ、日本人が英語を学ぶ効率性と可能性を阻んでしまっているのです。

問うことの価値

わたしは、理解とは「良い」疑問を抱くことを通してのみ深まるものではないかと思っています。誤った疑問を抱くことは、混乱を深めるだけに終ってしまうでしょう。二十五年以上日本に暮らした今、語学習得に対するわたしの疑問は、いよいよ山積してきました。疑問がなくなるということは、まずこれからもないでしょう。より新しく、もっと良い疑問が、どんどん湧いてくるからです。実際、疑問を考え付くという癖はやみつきになるもののようです。良い問いを考え付いたときには満足感が得られ、訓練すればより良い問いを思いつくことができるようになることがわかり、それに対する良い答えもどんどん浮かび上がるようになると、疑問を抱くことと答えを見つけることは、刺激的なスパイラルを描き出します。

実は、読者の方にお詫びしておかなければならないのですが、本書に呈示した問いと答えは最終的なものではありません。でも、二十年前にわたしが抱き始めた疑問と答えよりは、ずっと良いものになっていると思います（多くの新米教師と同じように、わたしが最初に抱いた問いは、どうやったら「文法」をよりよく教えられるか、というものでした）。これから本書で読者のみなさんに示す問いは、現時点でわたしが呈示できる最善のものです。

序文のベイカ氏の問いには、多くの人がうなずくことでしょう。「なぜ日本人はこれほど英語に難儀しているのだろう？　なぜ優れた手本の役割を果たすに足りる英語のスキルを身に付けた人がこれほど少ないのだろう?」ベイカ氏は次のように続けます。「日本人の平均的な語学学習者は知的な努力家だから、適切な指導さえ受ければ、最終的には満足のゆくレベルまで英語を習得することができるはずだ。けれども、それが現在の平均的な姿であるとはとても思えない。なぜだろう? なにがそうなることを妨げているのだろう?」三十年以上にわたり日本で英語教育に携わってきたベイカ氏の疑問は、ほんとうに日本のことを心配する気持ちから湧いてきたものです。

より良き英語教育への道筋をつけるために

わたしは永住者として日本に暮らしていますが、それでも「ガイジン」であることには変わりありません。ロバート・A・ハインラインのSF小説のタイトルのように、いつまでたっても『異郷の余所者《よそもの》*一』であり続けることは、よくわかっています。日本で英語を教え始めて二十年になりますが、一度も終身雇用の対象になったことはありませんし、昇給やボーナスの恩恵にあずかったこともありません。そんなアウトサイダーのわたしが厚かましくも日本に関することについて物申すことに、ここで一言弁明させていただきたいと思います。

わたしは今まで、言語の習得プロセスの研究を専門研究分野として慎重に重ねてきました。

*一 ロバート・A・ハインライン著(一九六一)"Stranger in a Strange Land"(邦訳『異星の客』井上一夫訳、東京創元社)。この小説は古典的名作として、アメリカ文学の授業でよく取り上げられている。

さらに、英会話学校、中学校、高校、短大、大学、大学院を含む日本のさまざまな教育機関で英語を教えてきました。外国人であるからこそ、周囲の人が当然のこととして気にもとめないことに気付くことがありますし、組織の管理側に身を置いていないことから、同僚や管理者から思いのたけを聞かされることもあります。もっとも重要なのは、教えることは私の大きな喜びであり、教え子たちとの交流は洞察力を養う最大の源かつエネルギーの源になっているということです。こういった理由から、一介のアウトサイダーであるわたしの意見に読者の方々が関心を寄せてくださったら望外の幸せです。

日本における英語教育に関して詳しく見てゆく前に、まず、次の三つの疑問について考えてみることが有益であると思われます。

1　言語スキルにはどのようなものがあるか？
2　今の日本で習得することが奨励されている言語のスキルは何か？
3　わたしたちが伸ばしたいと願っている言語のスキルは何か？

詳しくはこれから見てゆきますが、ここではまず、基本的な言語スキルには、学問的知識としてのスキルと実際に使用するためのスキルの二種類があることを前提に話をすすめたいと思います。日本人は、学問的知識としての英語には非常に長けています。それは、あたかも動かない体を細かく調べるように英語を分析すること、つまり言わば、英語の骨格（文法）と筋肉組織（単語）を解剖学的に研究してきた結果です。もし英語学習の目標が、英語に関する学問的知識の習得にあるのなら、日本の教育システムは成果を上げていると言えるでしょう。少なくともトップレベルの生徒については、そう言えるはずです。だとすれば、このシステムを改善する必要はさほどないでしょう。けれども、もし目標が、学問的知識の習得にではなく、実際に使える英語の習得にあるとしたら——骨格を動かし、英語がスムーズかつ雄弁に流れるようにすることにあるのなら——何らかの改善が求められているように思われます。

文部科学省は、後者のタイプのスキルのようなものを増進することについて支援を表明しました(「英語が使える日本人」の育成)。けれども、この言葉をどう解釈すべきなのか、どうやってこの変化をもたらせばよいのかについては明記していません。これから見てゆくように、教育の方向を変えるのは大変です。その慣習の大部分は無意識のうちに築かれ、構造に内在しているもので、たとえ大部分の人が変化を望んだとしても、それをすぐに成し遂げるのは不可能です。

長年にわたってニュージャージー・ベル電話会社の社長を務め、"Functions of the Executive"(山本安二郎訳『新訳　経営者の役割』ダイヤモンド社、一九六八年)を著したチェスター・バーナード(一八八六—一九六一)は、次のように言いました。最高経営責任者なら望み通りに変化を起こせるはずだと誰もが思うが、そうではないと。その理由は、大規模な企業にはみな、簡単に変えることのできない数多くの慣行や前例や組織があるからです。バーナードは、それでも最高経営責任者にできることはあると言います。つまり、達成したい理想的な状況を記した紙を、机の一番上のひきだしに入れておけばいいというのです。変化の機会というのは、概して前触れなく訪れます。バーナードは、そんな機会が訪れたら、真っ先に、紙に記した理想の計画を見てみるべきだと言います。そして、行動を起こすときは、この計画の方向に沿うよう心すべきだと[*一]。

変化を起こすためにわたしが呈示したアイデアが、すぐに採用されたり、そのまま採用されたりするとは思っていません。とはいえ、この「一番上のひきだし」に入れるものの候補にしていただければと願っています。

本書の大部分は、〝プラクティカル・リングィスト（実践的な言語学者）〟というタイトルのもとに、『デイリー・ヨミウリ』紙に連載したコラムに基づいています。「プラクティカル（実践的な／実用的な）」というタイトルを付けた理由は、ちょうど「実用的な靴」を履いて庭を掘り起こすように、不都合なこともすべて含めて現実と向き合うという意図を込めたためです。本書で示す問いと答えも、同じような意味で、読者のみなさんにとって実践的なものになることを意図しています。読者の方の頭を不必要な理論で悩ませたり、あるいは単純化してまどわせたりすることは、本書の目的ではありません。幸運なことに、最新の有望な理論は、以前のものにくらべて、ずっと理解しやすく、実践的なものになっています。

語学学習の本質に関する近年の研究や知見は、日本における英語レベルの向上に役立つと期

＊一　私は若い時にニューヨーク大学でＭＢＡを取得した際、幸運にも、経営学の教祖的存在であるピーター・ドラッカー博士と日本の品質管理の父であるＷ・エドワーズ・デミング博士の指導をあおぐことができた。授業の内容より鮮明に覚えているのは、こうした偉大な人々が語った話である。バーナードのこの逸話を教えてくれたのもドラッカー教授だった。

待を抱かせてくれるものです。向上に至る道のりは迅速なものでも簡単なものでもありません。けれども、もし向上に至る行進を始めようとするならば、最初にすべきことは、どの方向に進むべきかを知ることです。この道を見極めるという精神のもとに、本書をわたしの第二の故郷に暮らすご両親、生徒諸君、教師のみなさん、そして教育立案者の方々に捧げます。

マーシャル・R・チャイルズ

第一部　なぜ日本人は英語が苦手なのか

日本人は、高校を卒業するまでに六年間も英語を学んできているのに英語が話せない、というのはよく耳にする嘆きである。この嘆きはあまりにもよく繰り返されたので、今では事実とみなされるようになってしまった。二十世紀初頭の有名な社会学者、W・I・トマスは「人々がある状況を現実のものとして定義すると、その状況は結果的に現実のものになる」と言っている*一。けれども、日本人の英語のレベルは、ほんとうにそれほど情けないものなのだろうか？

日本の高校を卒業した人々の実際の英語レベルを確かめるのは難しい。日本では、中央省庁でさえ、深く考えずに、TOEFL《トーフル》テスト（Test of English as a Foreign Language：英語を母語としない人々の英語コミュニケーション能力を測るテスト）のような国際的な試験の平均点をよく引き合いに出す。こういった試験を受験した日本人の平均得点は、全世界でも最低レベルにくることが多い。

このような結果は、日本人の英語力を他の諸国の受験者のレベルに比較するうえで、果たして意味があるのだろうか？　答えはノーだ。というのは、どういった人が受験しているのかを考慮に入れていないからである。ほとんどのアジア諸国では、TOEFLテストを受験する人の数はそう多くない。その理由は、受験料が高いことと、通常このテストを受ける目的が、英

*一　この「トマスの定理」は、一九二八年に、W・I・トマスとD・S・トマスの共著、The Child in America: Behavior Problems and Programs. New York: Knopf, pp.571-572で初めて世に紹介された。後に、共著者であるドロシー・スウェイン・トマスは、この定理は、主著者であるウィリアム・アイザック・トマス（一八六三—一九四七）が独自に導き出したものだと書いている。

語圏の大学に入学する際に必要な英語能力を証明することにあるためだ。それにひきかえ日本では、多くの人がTOEFLテストを受験する。自分の英語力を調べるために、生涯のうちに、二度、三度と受ける人も多い。英語圏の大学に入学するための必要条件としてこのテストを受ける人の数はむしろ少ない。

TOEFLを受験する日本人の数は、他のアジア諸国の受験者すべてを合計した数より多い。だとすれば、その結果得られた低い「平均」点は、日本人の低い英語力を示しているのだろうか？　いや、そうではない。これが意味することは、単に、日本では低い得点しかとれない大勢の受験者がTOEFLテストを受験しているということにすぎない。真に意味のある比較をするためには、各国から比較可能なサンプルを抽出して、公平な英語のテストを受けさせることが必要だ。その結果がどうなるかは推測するしかないが、日本人はかなり良いランクにつけるのではないかと思う。

日本人の英語の発音のまずさや、英語を話したがらない態度は、よく批判にさらされる。けれども、アメリカ人の高校卒業者の外国語運用能力に比べたら、日本人はアメリカ人を恥じ入らせる結果になるだろう。海外旅行に出かける日本人の数が年を追うごとに増え、必要にかられて意思の疎通を図っていることも頼もしい。それに、日本ではかなりの量の英語が、広告やブランドやメディアでごくふつうに使われている。

日本人が英語を話したがらないことは悪名高いとはいえ、これは国民全体の劣等感からきているもので、少なくともその一部は、「日本人は英語が話せない」という「予言の自己成就」に原因がある。トマスなら、誤った考えが事実として扱われた結果、あたかも事実であるかのように定着してしまった、と言うだろう。

確かに、日本人の英語の発音は、世界のどの英語の発音とも異なっている。そもそも、日本語のリズム、発声、声の大きさ、発音は、英語とは非常に異なっているのだ。けれども、やろうとしさえすれば、日本人が英語で真のコミュニケーションを図ることは不可能ではないし、現に、それを成し遂げている人はちゃんといる。

日本における悲観的な英語習得状況という一般的な見解に与するより、達成できた事柄を喜び、すでに日本人が身に備えている英語力を土台にしてその力をさらに伸ばしていったほうが、よほど建設的だろう。だから私たちは、悲惨な状況を改善するにはどうしたらよいかという問いではなく、部分的な成功をより大きな成功に変えるにはどうしたらよいかという問いを抱くべきだ。言ってみれば、日本人の英語が上手か下手か、という問いに答えを出す必要はないのだ。たとえどれほど上手だろうが下手だろうが、向上する余地は必ずあるのだから。

英語学習の目標が、「はじめに」の章で述べた二番目のスキル（使える英語）の習得にあると仮定して、この目標を阻んでいるものが何なのか考えてみよう。これから、その潜在的原因について詳しく見てゆくことにする。すなわち、（1）敗北主義と外国恐怖症、（2）音声パターン、（3）良い手本の不足、（4）言語が機能する方法に関する誤解、（5）入試目的の指導、（6）財政上・管理上の制約、という六つの問題である。

A　敗北主義と外国恐怖症

まずは、最悪の潜在的要因から見てゆくことにしよう。日本には、公に英語教育を歓迎しておきながら、実は英語習得の真の成功を妨げようとしている暗黙の政策があるのだろうか？もしそれが真実だとすれば、まさに「本音と建前」の見事な例になる。この問題について、シェルドンという架空の友人の助けを借り、私との会話という形で検討してみたい[*一]。

1　英語に対する日本の「鎖国防衛」

皮肉屋の友人シェルドンが、あきれた顔をして言った。「まだわからないんだね、君は。い

＊一　シェルドンは、「悪魔の代弁人（Devil's Advocate）（議論のためにわざと反対の立場をとる人）」としてわたしが創造した架空の人物だった。にもかかわらず、新聞にコラムが掲載されたとき、多くの読者から手紙が寄せられた。典型的な手紙は日本に長く住む外国人からのもので、シェルドンが言うことは全く正しい、日本には、国民の英語習得を阻む暗黙の政策がある、と述べていた。自らの経験を語りたいので、シェルドンに直接会いたい、と言ってきた人もいた。話を聞ける立場にいるのは私だけだという返事を出して、そういった人たちを落胆させるのはしのびなかった。

まだに日本政府が国民に英語を教えようとしていると思い込んでいる。だが、それは勘違いだよ！　英語を受け入れるふりをしながら、英語の侵入を阻むという日本政府のたくらみを素直に認めなければ、今起きていることは何も理解できないよ」

シェルドンは続けた。「これは、昔からの日本の戦略なんだ。四百年間続いている『鎖国政策』の一環だよ。日本政府がタウンゼンド・ハリスに何をしたか覚えているだろ？」

私が覚えていなかったので、シェルドンは説明した。タウンゼンド・ハリスは、アメリカの初代駐日公使となった人物だ。彼は、ペリー提督とアメリカ海軍の護衛のもと一八五六年に日本に来航し、日米修好通商条約を締結しようとした。日本側は、ハリスの意向に沿い、十分な礼を尽くすという反応を示した。ところが、日本側がハリスのために実際に用意したのは、政策決定の中心地である江戸まで山を越えて五～六日もかかる下田にある住居だったのである。

シェルドンは、日本の英語教育戦略にも、容易に〝鎖国〟的アプローチを見出すことができると言う。たとえば、本格的に英語の授業が始まるのは、ようやく中学生になってからだが、この時期は、語学習得における臨界期の終焉だ。英語の授業は、日本人の教師により日本語で行われる。授業の重点は、ばらばらな文法事項を丸暗記することにあり、文の理解や会話には置かれていない。ほとんどの入試では、英語を使って意思を疎通させる能力よりも、些細で散漫な知識をどれだけ覚えているかが試される。

私は、日本の英語教育はこれからもっとよくなると反論した。文部科学省は小学校の英語教育を必修化したし、ＪＥＴの教師*一も増えている*二。それに、会話力の増進にも重点が置かれるようになってきている、と。

けれどもシェルドンは私の反論を一蹴した。「そういった試みは、あまりにも微々たるものだし、もう遅すぎる。タウンゼンド・ハリスを江戸に呼ぶために、鄭重に籠かきを差し向けるようなものだ。小学校で英語を教えるだって？　対象は五、六年生だけで、一週間に一時間しか教えず、おまけに『英語』じゃなくて、『外国語活動』なんて名前が付いているのを知らないのかい？」

私は答えた。そうかもしれないが、少なくとも日本は努力している。そして変化は正しい方向に向かっていると。

＊一［訳注］　外国青年招致事業により小中高校に派遣され、語学指導に従事する外国語指導助手

＊二　「語学指導等を行う外国青年招致事業」（JET: The Japan Exchange and Teaching Program）は、まだ職務経験の浅い英語を母国語とする青年を日本に招致し、正規の教師とペアを組んで英語を指導するもの。ほとんどのＪＥＴ教師の役目は、英会話の手本となり、文化的な情報を提供することにある。ＪＥＴの教師のなかには、外国語指導助手（ALT: Assistant language Teacher）という身分でありながら、補助教員としてではなく、単独で指導を行う者もあり、その後、教師の職業を選択して日本に留まる者もいる。とはいえ、十分に力を発揮できなかったと感じながら帰国するＪＥＴ教師の数はあまりにも多く、帰国時に至っても、英語指導における自らの役割が把握できないままに終わる者が多い。

2　より身近な「鎖国」

けれどもシェルドンは、私の反論は前進ではなく、単に戦場が変わったことを意味しているにすぎない、と言った。外国人が日本に近づいてくるにつれ、戦略はより身近なものになったのだと。たとえば、会話力の増進が奨励されたとしても、それがテスト問題として取り上げられることはない。ＪＥＴの教師が学校に来ても、孤立させられ、無視される。生徒が英語を話そうとすれば、その試みは、誤った文法の例として取り上げられ、無慈悲にもただちに芽をつまれてしまう。

シェルドンは続けた。外国人がいよいよ間近に迫ってくると、日本は理論武装して、心理的な障壁を築くと。つまり、英語は日本人の心をむしばむ、という考えだ。高名な大学教授が大真面目な顔つきで、英語は日本人の脳の構造に適さないから、英語は日本人には難しいのだとお墨付きを下す。そして、日本人の生徒に混乱をきたさないようにするため、英語の指導は、日本語と日本人らしさがしっかり根付いてからにすべきだと勧告する。「だから、日本人は、英語が単に難しいだけでなく、危険なものだと思い込んでしまうんだよ！」シェルドンは言う。「これでわかっただろ？　戦いがどれほど間近に迫ろうと、原則は同じだ。つまり、外国の影響は退けるべしということさ」

「なんとでも言えばいい」私は言った。「日本では、英語がどんどん使われるようになっている。君が言っているのは、単なる外国嫌いのことだ。見知らぬ者に恐怖感を抱いているだけなんだよ」

「いや、違うさ」シェルドンは鋭く切り返した。「僕が言っているのは政策のことだ。君は本気で、日本政府は英語を国民に教えたいのに、それができないでいると思っているのかい？　日本は、やりたいと思ったことは、なんでもやり遂げるさ。なにしろ明治の文明開化を成功させた国なんだよ。それを忘れないでもらいたいね！　もし政府が本心から国民に英語を覚えさせたいと思っているなら、日本人はとっくに英語を習得しているさ」

この時点で、私はシェルドンとの会話をやめた。一対一の会話では、絶対にシェルドンには勝てない。一人なら、もっと慎重に物事を考えることができる。次は、私が一人になって考えたことだ。

現代の日本は、もはや単一の存在としてコントロールするには複雑すぎる。現代では、官僚制度、各種団体、企業、個人がそれぞれ固有の目的を追求して複雑に絡み合っているので、中央が「鎖国政策」を押し付けることなど不可能だ。とはいえ、本当のことを言えば、わざわざ「鎖国効果」を生み出すまでもないのだ。日本では、それよりずっと強力な負の力、すなわち敗北主義が働いているのだから。失敗すると思い込めば、本当に失敗してしまうという敗北主義が。

3　敗北という「自己成就の予言」

「自己成就する予言（self-fulfilling prophecy）」という言葉を生み出したのは、私がコロンビア大学にいたときに教えを受けた社会学の教授、ロバート・マートン＊一である。この言葉は、人々が何かを真実であると思い込むことにより、それが真実になってしまうことを指す。日本では、英語を習得することの難しさが、自己成就の予言になってしまった。英語は難しいものと信じられたため、難しい知識として教えられることになった。さらに、英語はあまりにも難しいので、日本語を母語とする日本人によって教えられなければならないということにもなった。

日本のどこに行っても、人々は口を揃えて言う。英語は難しいと。口にださなくても、そう思っていることがわかる。態度から、声の調子から、「へ」の字に曲がる口の端の形から、それは明らかだ。難しいものと〝思い込んでいる〟のだ。こういった状況下では、英語はほんとうに難しいものになり、習得されることもまずない。

私の娘、奈美は、小学二年生だったある日、学校から帰ってくるなり、こう言った。「英語ってむずかしい」そんな娘に、私は反論した。私が英語で話しかけるときは、完璧に理解できているじゃないかと。「それは違うの」と奈美が答えた。「それは、ただ話してるだけでしょ。でも英語は……英語はむずかしい！」彼女の言葉は的を射ている。もし「英語」の意味するも

＊一　私がコロンビア大学で社会学の博士課程に在籍していたのは、野村沙知代氏が同大学に留学していたことになっている時期だ。そこで彼女に会ったことは一度もなく、私も彼女と同じように、最後まで課程を全うすることはなかった。「自己成就の予言」については、Merton, Robert K. (1968). Social Theory and Social Structure. New York: Free Press.（邦訳『社会理論と社会構造』ロバート・K・マートン著、森東吾ほか訳、みすず書房）を参照されたい。

のが「学問としての英語」だとしたら、確かに難しくなる可能性はある。奈美への洗脳は、七歳にして始まったわけだ。

つまり私たちが直面しているのは、公的に支持されている目標そのものの達成を確実に不可能にするような思い込みと学び方が絡み合っている現状だ。この状況を構成している要素はあまりにも多岐に及んでいるので、一つのことに責任を課すことはできない。そして、こういった状況そのものが敗北を招いていることに気づいている人はほとんどいない。

こんな否定主義の風潮があるところでは、生徒の「できる（can do）」という気持ちはほとんど育たない。だが、そんな環境下でも、突破口を開いた意思の強い日本人の女生徒がいる。中学一年から高校一年までの四年間について、彼女はこう語った。「英語は、数学や化学などと同じように、学校で学ぶべき科目の一つでしかありませんでした。そのときまでに英語は四年間勉強してきていましたが、まったく役に立たないものだと思っていました」

それが、十六歳になったとき、海外生活を経験した同級生がアメリカ人の教師と英語で話している姿を見てショックを受けたという。突然、英語は自然な言語であり、世界中の人々とコミュニケーションをとるのに役立つ言葉だということがわかったのだ。それ以来、この生徒は二つのレベルで英語を学んだ。実際的なレベルとしては、英語のポップソングを聞いたり、映画を見たり、友人からカリフォルニアでの生活を聞き出したりした。けれども学校の授業科目としては、「英語はいまだに自分とは関係ないもので、授業とテストのために勉強するものでしかありませんでした」という。

ほとんどの生徒は、英語という言語の底に横たわる真の姿を垣間見ることはなく、授業のなかでそれに触れることができるとも思っていない。教室は邪魔が入らない生徒の聖域であるべきだと思い込んでいる。私が生徒に話かけようとしたとき、そのなかの何人かは、まるで私が彼らのプライバシーを侵害したかのような反応を見せた。おそらくこういった生徒たちは、教師は講義をするもので、生徒は黙ってそれを聞きとるという儒教の教えを私が無視したと思ったのだろう。

私は生徒に対して、言語の習得とは、原子物理学のような意識的知識の応用ではないと伝えるようにしている。言語の習得とは、その言語のムードに沿って自然にわき起こる流動的な行為から得られるものだ。法則を覚えるというよりも、むしろ自転車の乗り方を体得するのに似ている。とはいえ、自転車の乗り方を覚えるにしても、もし授業で講義を受けるだけで、実際に自転車が与えられなかったとしたら、それは難しいものになってしまうだろう。

日本における英語習得の問題がシェルドンの言う「鎖国」のように単純なことなら、どこから変えはじめたらよいかを知るのは簡単だ。けれども実際のところ、私たちは、一極に集中した目に見える敵というような組みやすい相手に恵まれているわけではない。敵は、私たちひとりひとりの中に存在する。つまり、学習を始める前から敗北感を抱いてしまうことにあるのだ。

4　日本とベルギー

世界には、自己成就の予言が、言語の習得をくじくどころか、むしろその習得を促進しているところがたくさんある。ベルギーは、そんなところのひとつらしい。私の大学院の教え子で、英語と日本語に加えて、ベルギーで話されているオランダ語に精通している女性が、日本とベルギーの生徒に対してアンケート調査を行い、学校、家庭、社会といった日々の生活の中で、どれほど英語が使われているかを調べようとした。彼女は三つの言語で質問を書き出した。一番上は英語、次にオランダ語、そして三番目が日本語。このアンケートをベルギーに送ったところ、すぐに結果が届いた。ベルギー人の生徒たちは、三つの言語が併記されていることを面白がったという。

ところが、日本の学校（彼女の息子が通っている学校）では問題が起きた。学校から緊急の電話がかかってきて、教頭にこう告げられたという。「アンケートから、あの見慣れない言葉を削除してください」と。

私の学生は驚いて尋ねた。「どうしてですか？　どこが悪いのですか？」

「ああいった外国語を見ると、生徒がおじけづいてしまう可能性があるのです。見慣れている日本語だけでアンケートを作っていただけませんか？」

彼女は教頭が求めたとおりにアンケートを作りなおし、しばらくして、アンケートの回答を手にした。が、私は、アンケートの結果の分析をするまでもないと告げた。彼女が得たもっとも興味深い結論は、外国語に対する反応が、ベルギーと日本とでは全く異なるということだったからだ――片や健康な好奇心、片や外国恐怖症という反応である。

敗北主義と外国恐怖症が日本で問題を生じさせていることは、ある程度事実だ。だが、この二つは取り除こうと思えばできる不要な態度である。それに、こういった態度は、アメリカ人が言うところの「幸福の追求」を妨げてしまうことがよくある。文化的遺産を犠牲にすることなく二言語併用社会を成功させている国々については、第三部で詳述することにする。

B　音声パターン

日本人が英語を学ぶこと、そしてその逆に、英語を母語とする者が日本語を学ぶことに困難を覚えるとしたら、それはいったいなぜだろう？　よく言われるのは、たとえば「右方分枝」と「左方分枝」といった文の構造上の違い*一や、語彙が非常に異なるということだ。こういった違いは確かに障壁になってはいるものの、私には、構造上の違いや語彙の違いよりももっと大きな問題があるように思われる。それは、両言語の音の違いだ。簡単に言えば、日本語を話す人と英語を話す人は、互いの言葉が聞き取れないのである。

私は、言語の聞き取りの問題を、ある日本人の友人と話し合った。この女性は、英語の読み書きはかなりできるが、聞くことと話すことにはあまり自信がない。私は彼女に自分の経験を伝えた。私にとって英語は、たとえ混雑した電車内の奥のほうから聞こえる会話であっても、

＊一〔訳注〕　右方分枝（right-branching）とは、英語のように、最初に主語や述語といった重要な部分がきて、修飾する語がそのあと（右側）に伸びていく文の構造のこと。日本語はその逆の左方分枝（left-branching）構造。

はっきり聞きとることができる。けれども、日本語の場合は、なぜか音が小さく、くぐもって聞こえるので、言葉を聞き分けることができず、短期記憶から呼び起こすことがうまくできない。

この友人は、私と同じ経験があると言った。彼女にとって日本語は、大きな音ではっきりと聞こえる。日本語は途切れなく耳に入り、その意味はすぐに理解できる。けれども英語は、まるで短波ラジオ放送のように、大きくなったかと思うと消え入るように聞こえるので心もとない。聞き分けられる部分もあるけれど、聞き取れない部分もある。それがどういうことなのかうまく伝えられないが、ぎこちない思いをさせられることは確かだ。場合によっては怖い思いさえする。人と話しているときは、意味を伝えあいたいと思うのが当然で、半分もわからなかったら会話にならない、と。

そこで私は尋ねた。「英語を聞くとわかっているときは、あらかじめ英語を聞きとるように耳を準備させられないかい?」友人は笑って言った。「もちろん、そんなことできないわ。その方法がわかっていたら、それを伝授して大金持ちになれるでしょうよ」そして、こう言って私をからかった。「専門家はあなたでしょ。どうやって英語を聞きとったらいいのかを教えてくれるのは、あなたのほうよ!」

スペイン語を母語とする学生は、こう言った。スペイン語を話す仕事場にいるときは、たとえ聞きたくなくても、会話が耳に入ってくる。スペイン語の文章は、大きくはっきりと耳に届く。けれども、日本語を話す仕事場にいると、たとえそれが同じような会話であっても、はっきりと言葉を聞きとることができず、雑音のようにしか耳に入ってこない。

ここで、よく聞きとることができない妙な言葉に直面させられる日本人英語学習者の苦境を想像してみてほしい。簡単な英語の文章を読んで、生徒たちに書きとらせてみるといいだろう。ほとんどの場合、書きとることはできないと思う。ある大学一年生のクラスで初めてディクテーションをやらせてみたとき、私はショックを受けた。できるだけはっきりと話したつもりなのに、学生たちは、ほとんど私の言葉を捉えることができなかった。私の言葉が聞きとれなかったのだ。ついに私は、日本語と英語それぞれを母語とする人が互いの言葉の習得に困難を覚えている大きな理由の一つは、聞きとることができないからだと認めざるをえなかった。私たちの脳の神経機構は母語の音を捉えるように精密に調整されている。けれども、この精密な調整こそ、新たに覚える言語をはねつけているのだ。

残念ながら、言語の聞きとりは、意思の力でどうこうできるものではない。主に自律的な神経学的プロセスが司っているからだ。唯一のよい知らせは、近年、神経言語学者によって、この分野の研究が進められていることである。そこで、今までに判明していることについて、ざっと見てみることにしよう。

1　聞き取りの生理学

人間が言葉を話すときには、独特の生理学的および神経学的プロセスがいくつも協働して働く。人間の声は、空気が声帯によって振動させられることにより生まれる。解剖学的に言えば、声道《せいどう》は、音源発生器（声帯）と三つの共鳴室（喉頭《こうとう》、鼻腔《びくう》、口腔《こうくう》）から成り立っている。こういった器官は、脳からの非常に高速かつ緻密な指令により作動された筋肉によって制御される。

こうした迅速で緻密な神経信号が、声道にある共鳴室で生じる無限に微細な変化をコントロールしているのだ。

私たちが、「イー」や「オー」といった母音を発すると、「フォルマント周波数」という、音と倍音の組み合わさったものが生成される。この音と倍音の割合によって、私たちが一連の音の組合せではなく明瞭な母音として感じとるものが決まる。筋肉を作動する神経細胞のパターンは、スピーチの解釈にも関与しているため、話すことにおける複雑な神経プロセスは、聞くことにおいても同じように生じている。この重要な事実[*一]については、再度後述するが、これは何よりも、聞くことと話すことは別々のスキルなのではなく、脳内にある同じ機能的ネットワークの異なる局面であることを示している。

赤ちゃんや幼児は、試行錯誤を繰り返して声道の形を変え、話しかけられた音を再現する方法を学んでゆく。この試みは、発した音が他の人に理解されるようになるまで、そして自らの耳で十分に確認できるまで続けられる。八～十歳ともなると、新たな言語の声の質や音を聞き取るのは困難になる。それを再現するすべを身につけるのは、さらに困難だ。

ごく幼いときから母語を耳にするにつれ、人の脳は神経細胞の結合パターンを発達させ、母

＊一　私がもっとも信頼している行動神経言語学の権威は、フィリップ・リーバーマン（Philip Lieberman）である。話すことと聞くことにおける神経のメカニズムについては、たとえば、リーバーマンの著書、Human Language and our Repilian Brain: The Subcortical Bases of Speech, Syntax, and Thought. Cambridge, MA: Harvard University Press, 2000, pp.56-60. を参照されたい。

語（数か国語の場合もある）の音に対する感性を研ぎ澄ましてゆく。母語を聞き分ける能力が強められていくのだ。重要な音はモデル音となり、その結果、聞きとられた音は、あるモデル音か、他のモデル音として受け取られる。けれども、その中間の音としては受け取られない。たとえば、日本語の音声は「モーラ」、すなわち一拍か二拍の長さを持つ、音節に似た単位に基づいているが、必ず一拍あるいは二拍の長さのいずれかとして受け取られ、その中間のものとして受け取られることはない。英語の典型的なモデル音の例は、「r（アール）」と「l（エル）」だ。これらの音に近い語音は、いずれかの音として解釈される。けれども、その間の音として解釈されることはない。音韻学者は、こういったモデル音のことを「母音マグネット（NLM）」と呼ぶ（他の名称がつかわれることもある＊一）。

私たちの脳では、神経細胞の結合パターンが発達し、音（および音のつながり）を生成し、それを聞きとることができるようになる。それぞれの言語の標準的な音は、「知覚上の磁石」として確立されるので、私たちはあらゆる言語に存在する音を、すでに自分が知っている音の一つとして自動的に解釈する。既知の音に結びついているこのような磁石は、新しい音が聞き

＊一　日本では、このようなモデル音の呼称として最もなじみがあるのは「母音マグネット理論（NLM: Native Language Magnets）」だろう。これは、アメリカ、ワシントン大学のパトリシア・K・クール（Patricia K. Kuhl）教授が付けた名称である。下記を参照。Kuhl, Meltzoff et al (2009). Foundations for a New Science of Learning. Science, 325, 284-288.　酒井邦嘉著『言語の脳科学』中央公論新社、二〇〇二年。Larsen-Freeman, Diane and Cameron, Lynn (2008). Complex Systems and Applied Linguistics. Oxford: Oxford University Press.

とられると、先手を打ってそれをブロックしてしまうため、新たな言語の音に結びつく磁石を追加するのは困難になる。

発音は、言語を形作っている多くの要素の一つにすぎない。そのほかにも、リズム、ピッチ（高低）、イントネーション（抑揚）、ストレス（アクセント）のパターンなどがある。おそらく最も重要なのは、声の質だろう。こういった各要素は非常に重要なものであるにもかかわらず、どういうわけか、日本の英語の教科書や指導要領では、ほとんどまったくと言っていいほど触れられていない。

モノリンガルの話し手がよく直面するのは、すでに身に備わっているモデル音のいずれかとして語音が受け取られなかった場合、その音は、話し言葉としてではなく、雑音として解釈されてしまうという事実だ。日本語と英語の間に横たわるトラブルの原因もここにある。というのは、日本語の話し手にとって聞き取りを難しくする微妙な差異が英語にはたくさんあるからだ。

2　言語間の距離

言語間の距離という概念は、定義が難しいことから、言語学者の頭を悩ませてきた。二つの言語がどれほど隔たっているかは、どのようにして測るべきだろう？　文法と語彙の比較だろうか？　それとも、実際には存在しない言語の系統樹のようなものを想像して、その関係を調べればいいのだろうか？　容易に使える物差しは存在しない。理論はともかくとして、外交官などの専門職を養成するアメリカ外務職員局（FSI: the American Foreign Service Institute）では、単に、英語を母語とする者が外国語の習得にどれだけの週数を必要とするかを、言語間の距離（習得難易度）の目安にしている（学習者は、語学の適性があるとみなされてフルタイムの語学プログラムの受講を許可された者だ）。ＦＳＩによると、ドイツ語は、英語から二十週分離れており、日本語はなんと、四十四週間分も離れていることになる。だが、こういったプログラムの履修期間は、理論に基づいたものではなく、経験から導き出されたものだ。理論を導き出すには、音韻学的な差異を考慮に入れることが必要になる。

言語学者かつ人類学者だったエドワード・サピア（一八八四—一九三九）は、次のように書いている。「外国語の精神というようなものを感じ取った者にとっては、言語にはそれぞれ固有の基本的な設計図、言い換えればある種の型のようなものが存在することは明白だろう。それは、私たちが表すことができるどの単一の特徴より、ずっと根本的で、ずっと普及力のあるものだ。それは、その言語の文法を形作る様々な事実に言及するといった単純なことで理解できるような性質のものではない＊一」。

＊一　Sapir, Edward (1921). Language: An Introduction to the Study of Speech. San Diego: Harcourt Brace, p.120. サピア自身、五歳のときにドイツからアメリカに移住した移民だったため、個々の言語に内在する異なる「精神」を、とりわけ鋭く感じ取ったのかもしれない。

3　日本語の語音と英語の語音

私が強く感じているのは、たとえどのように差異が説明されようとも、日本語の語音は英語の語音から非常に隔たっているということだ。実際、日本語と英語の語音の隔たりは、私が知っている言語の組み合わせの中で、もっとも遠い。

声の質は説明するのが難しい。学者たちは、言語学者たちの間でさえ、どのような言葉を使って説明するかについては見解が異なる。学者たちは、「鼻にかかった」、「かん高い」、「ハスキーな」、「耳障りな」などといった形容詞を使うように提案する。とはいえ、たとえ説明することができなくても、私たちは、電話に出た時、馴染んだ人の声を聞き分けることができる。同様に、外国語の音についても聞き分けている。「ああ、これはドイツ語だね」とか、「おお、これはロシア語だ」など、一言もその言語を話すことはできなくても、聞き分けることはできるのだ。

日本語の話者と英語の話者の話すテンポは異なる。ストレスの置き方も、声道の使い方も異なる。こういった差異は複雑に相関しており、それを体系的に説明した理論は私が知る限り存在しない。私には、ほとんどの英語の話者は日本人より鼻腔を使うことが少なく、口腔をより多く使い、日本人とは異なる形で喉を使っているように思える。もし声道がパイプオルガンだったら、英語の話者と日本語の話者は、ストップ（音栓）をまったく異なる形でセットするだろう。そしてもちろん、ストップは、聞き取りにおいても、まったく違う形でセットされることになる。

人々に恐怖心を抱かせるのは、この差異なのだ。満足に聞き取れない言葉を覚えるように言われても、言葉のようには思えないだろう。私たちはみな習慣のとりこになっており、言葉とは、ふつう努力しなくても自然に耳に入ってくるものだと思っている。はっきり聞き取れないということは、容易に学習を行うためにもっとも欠かせない根本的な条件を打ち崩してしまう。話された言葉をことさら努力しないで理解できてきた人たちがパニックを起こしても当然だ。聞き取れないという経験は、知性や、それまで受けてきた教育とは関係がない。これは、自分の耳が信じられないという経験なのである。

とはいえ、外国語が聞き取れないというハンディを背負わない一握りの幸運な人たちがいることもお伝えしておかねばならないだろう。こういった人たちは、私たちの大部分である「聞き取れない人たち」がなぜ困難を抱えているのかすら理解できないに違いない。

4　とるべき手段

英語に対する恐怖感は日本全体に深く浸透しており、英語は怖いものだとみなされるようになった。そしてそこから、英語は学ぶのがとても難しい言語だという思い込みが生まれた。けれどもその思い込みは、感覚的な経験を知的に解釈したものであって、理性的に受け取られた経験に基づいたものではない。

生の英語を聞きとることができないという思いはとても怖いものなので、日本語を母語とする者が英語の構文と語彙を教えることに終始し、英語を話し聞くという試みを遠ざけてきたのは、無理からぬ救済策だったろう。これは、誤った方向ではあるとはいえ、政策によって正せるたぐいのものではない。というより、本能的な感情の反応に対処するための自然な行動というべきだろう。こういった感情の反応は、どのような解決策であろうとも、考慮に入れるべき要件だ。

簡単な解決策というものはないが、それでもやれることがある。英語を学ぶ意欲をなくしてしまった生徒たちも、何が怖いのかがわかれば、問題に直接向き合って、解決の糸口をみつけることができるかもしれない。その手段のひとつは、単に、より多くの努力を払うというものだ。日本人のティーンエイジャーも大人も、大きな努力を払い、何度も繰り返し聞くことを怠らなければ、英語の音韻を聞きとるすべを身につけることができる。本気で取り組むことを決心した人は、便利な練習手段を探すことで、これを成し遂げている。優れた教師なら、生徒のニーズに合わせた教材を提供することにより、学習を支援してあげることができるだろう。

もうひとつの、もっと長い目で見据えた解決策は、英語をできるだけ早い時期に教え始めることだ。まだ脳が、多岐にわたる音韻を受け入れる柔軟性を失っていない時期に。最適な時期は中学校入学前だ。本当のことを言えば、もし状況さえ許せば、小学校入学前から始めることが望ましい。詳しくは後述するが、言語の学習は、母親の子宮にいるときから始まっているからだ。

ほとんどの教科書は、語音というものは世界共通で、日本語と英語でも完全に共通しているとみなしているかのようにみえる。多くの語学レッスンも、この根本的な差異を無視している。けれどももし教育者や官僚たちが、日本語を聞きとるようにしか耳が慣れていない大部分の日本人の生徒にとって英語は怖いものだという事実に気づいたら、状況はよりよい方向に進むだろう。この事実に気づけば、賢明さと慈悲深さを持って言語教育を変えることができるかもしれない。

一握りの日本人の生徒は、英語に対する「よい耳」を持っている。どうしてそうなのかは、わからない。きっと、こういった生徒たちが長じて、誰もが英語を聞き取れることを前提とした教科書を作るのだろう。けれども実際には、ほとんどの生徒たちは、英語を学びやすくさせる指導者側の努力を必要としている。

私が教えている大学院生に、英語を聞きとる力を伸ばしたいという七十歳の女性を教えている学生がいる。彼女は、どうやったらこの女性を助けてあげることができるか、と質問してきた。私の最初の反応は、七十歳という年齢では、脳の神経細胞の発達は遅いため、たとえどんな方法を勧めたにしても、目覚ましい効果は期待できそうにないというものだった（私自身、この女性の状況には心から同情を覚える）。だが、学生は答えた。「そうですね、進み具合は遅いでしょう。だからこそ、もっとも効果的な方法が知りたいのです」と。

私が思いついた方法は二つしかなかった。しかも、その一つは誰でも利用できる方法とはいえないかもしれない。簡単なほうのアプローチは、録画した映画やＤＶＤを何度も英語の音声を聞きながら見ることだ。話されている言葉がすべて聞き取れるようになるまで、日本語や英語の字幕を使うと役立つだろう。そのあとで、俳優の表情やボディーランゲージをよく見て、話されている言葉のニュアンスや感情をつかむようにする。その恩恵は、声の調子や身振りまで含めて、俳優と同じようにセリフを口にできるようになることだ。

おそらく最も良い映画は――少なくとも手始めとしては――『ポカホンタス』や『ムーラン』といったアニメ映画だろう。アニメ映画を学習素材に使う理由は、その映像が、登場人物の話の内容にぴったり合った表情とボディーランゲージを表すように作られているからだ。登場人物に合わせてセリフを口にする練習を行うわけは、聞くことと話すことが非常に密接に関連しているためである。どちらが欠けてもうまくいかない。

もうひとつの練習アプローチは、すぐに実行するのは難しいかもしれないが、電子的な補助装置を使うというものである。今では、いくつもの選択肢がある。たとえば、マイクを接続して使うあるパソコンのソフトウエアは、学習者が、ネイティブスピーカーの音声を真似して発声すると、ディスプレイに学習者の音声と手本となる音声の波形が比較されて表示される。これは、ちょうど、脳のアルファ波をコントロールする仕方を学ぶのと同じように、ある種の行動フィードバックとして働く。目標は、自分の声を、できるだけ手本のネイティブスピーカーの声に似せることだ。

何世代もの日本の英語学習者にとって、英語を学ぶことは、フラストレーションがたまり、やる気をくじかれる経験だった。このことは、優秀な学習者にも、そうでない学習者にも等しく影響を与える。やる気があり、まじめに勉強する者も、単に話されている言葉が聞き取れないというだけで、流暢な英語を手にすることができないという結果に終わってきた。

このセクションでは、二つのことを伝えられたように願っている。まず一つは、小学校を卒業してから英語を学び始める日本人が、英語の習得に大きな困難を感じているという状況には、確かな根拠が存在するということだ。二つめは、日本語と英語の音声が異なるという事実を無視するのをやめて、この事実に向かい合い、授業の内容を変え、役に立つ技術の利用を考慮することが求められているということである。

C　満足な手本が足りない？

日本人の学生が英語を流暢に話せない理由は、手本となるモデルがいないからだと、ときおり言われる。これは、日本政府が国民に英語を教えることに真剣になっていないとして「シェルドン」が指摘した点でもある。日本人の英語教師のほとんどは、それが正しいかどうかは別にして、自らの英語能力が不十分であると感じている。ネイティブスピーカーの手本が必要だという一般の思いは、大量の外国語補助教員（ALT: Assistant Language Teacher）の導入につながった。外国語補助教員は、日本人の正規教員が教える英語の授業でネイティブの発音を示す役割を担う外国人だ。

手本をまねる必要があると人々が言いだすのは、自分たちが言語を適切に話すことができていないのではないかと疑ったときだけだ。たとえば学習者が、習得を目的とする言語が話されている国に暮らしているような場合は、手本不足といった状況は生じないので、手本の必要性を提起することや、耳にする言語が不完全や不適切なものであるという不満が生まれることはない。手本の存在の重要性が強調されているなか、わたしたちは手本そのものについて、考えてみる必要がある。手本が存在することにより、学生たちは何を耳にすることになるのだろうか？　手本は、どのような面で必要になるのだろうか？　手本をまねることが最も有益なのは、何歳ごろなのだろうか？

1　学生は何を耳にする？

学生にとって良い英語の手本が必要だとすれば、それは英語のどの局面を知るために必要なのだろう？　単に、単語の発音を知るため？　いや、もっとずっと多くのことを知るためだ。その答えは、英語を話すことにおいて生じている非常に広範囲な現象を知るためだと思う。私たちは、基本的な音を集中してまねる、それも文脈から切り離した音をまねるという狭い考えに慣れている。けれども、耳に届いている音は、それより遥かに複雑だ。その可能性を考えてみよう。

学習者が、外国語のイントネーション、リズム、ストレス、声質を習得するには、一連の長い言葉のつながりを聞きとる必要がある。単語一つ一つが発音できるようになるだけでは足りない。外国語を話し聞きとることには、全体の「旋律(tune)」が大きく関与している。たとえ個々の単語の発音が完璧だったとしても、もしこの旋律が誤っていたら、聞き手にはおそらく理解してもらえないだろう[*一]。そして、正しい旋律で話す唯一の方法は、話し手が、サピアの言う「言

＊一　コメディアンだったジミー・デュランテ（一八九三―一九八〇）は、番組放送のたびに、意味のない、

語の精神」の境地に入ったときだ。

手本をまねることのもうひとつのメリットは、次に特定の言葉が来ることが予測できるようになることである。これは、典型的には、「心の耳」が、次に何らかの言葉が来ることが必要だと予測することであり、文法的に必要だから何らかの言葉を補うということではない。たとえば、不定冠詞の“a”や定冠詞の“the”といった、リズムを整える小さな連結子が来ることを耳が予測したり、クッキーに入っているチョコレートチップのように、どんな話し言葉にも代名詞がちりばめられていると耳が予測できるようになることだ。とりわけ、この予測には、主語が文の初めか、あるいは文頭の近くに来るはずだというフィーリングが含まれる。英語をとても上手に話す友人が、中学一年生のときに、英語は「SVO（主語－述語－目的語）」の言語だということを学び、意識的にもそれを理解していた、と言った。けれども、そのフィーリングがつかめたのは、中学二年生になってからだという。「そうだったのか！」とそのとき彼女は思った。「今、はっきりわかったわ。英語はSVO言語なのね。文を作るときは、自然に主語から始める。でも、これは文法でそう決まっているからではなくて、フィーリングでそうすべきだと感じるからなんだわ。」こういった体験は、話し言葉と読み言葉双方においてたく

音を繋げただけのナンセンスな呪文、“Skinny ma rink a rinky dink; skinny ma rinky doo!”（スキニマリンカ、リンキディンク、（休止）、スキニマリンキ、ドゥー）を唱えた。そのリズムと音のつながり、中間に休止の部分があること、そして最後の「ドゥー」が強く長く発音されることは、私にとって、英語の発音の基本的エッセンスを凝縮したものに思える。

さんの文を経験することにより生まれる主観的な言語理解の例だ。

語用論的スキル*一も、知的な理解から得られるものではない。音と意味のパターンをたくさん経験することにより、無意識下の資源格納庫にしまわれた言葉が浮上してくるようになって得られるものだ。英語では、"Yes, please."(はい、お願いします)や"No, thank you."(いいえ、結構です)といったフレーズを、日本語より多用する。一方、日本語には、話者と聞き手との地位の違いを暗に示す形式が英語より多い。どの言語にも、それぞれ固有の休止や相槌や賛意を表す音といったものがある。二か国語の辞書を見ても、語用論的機能がぴったり一対一の関係であらわされていることはほとんどない。それを理解する唯一の方法は、手本となる話者の言葉を聞くことしかないのだ。

2　手本をまねることが必要なときとは?

おおざっぱに言うと、手本をまねることには、書き言葉であるか話し言葉であるかにかかわらず、言語のあらゆる見本が含まれる。手本を学ぶということは、外国語を読んだり聞いたりするたびに、それを脳の中にある音と意味のつながりを納めた無意識下の資源格納庫に加えることだ。であるとすれば、手本をまねることとは、言語の使用を身につけるための基本的な局面になる。けれども、それが多岐にわたる書き言葉と話し言葉を資源としているとすれば、そ

---

*一〔訳注〕ふだん行っているコミュニケーションの場面に即した言葉を選んで使える能力

の資源には、完璧な例も不完全な例も含まれているはずである。

書き言葉の英語の手本は、Tシャツや落書きの文句から、リンカーンのゲティスバーグ演説にまで及ぶ。特に重宝する手本は、「段階別読本」だ。こういった本は、内容を習熟度に合わせて簡略化し、よくこなれた英語で書きなおしたもので、今ではいくつもの出版社からシリーズが刊行されている。書き言葉の英語の手本には教科書を使うこともできる。けれども、ほとんどの教科書には催眠導入剤の作用があるようだ。

英語を読むことにおけるもっとも重要な局面のひとつは、それに必ず、情緒的・状況的な文脈が伴っているということだ。何らかの色付けなしに受け取られる文というものは存在しない。文は、文脈によって彩られている。文脈は言葉自体よりも記憶に残りやすく、それを読んだときに感じ取った情緒（たとえば、喜び、悲しみ、おかしみ、不信など）とともに記憶される。表現とニュアンスは共に心のなかに収められる。そして、それを適切に使うためには、ともに呼び出すことが必要だ。

英語の話し言葉の手本は教師や外国語補助教員だが、彼らにもまた、さまざまなタイプや質がある。英語の書き言葉について前述したことは、会話にもそのままあてはまる。生徒は、あらゆる発話を文脈において耳にし、ただちにその出所とニュアンスを評価する。そして、自分自身の会話能力を築きながら、無意識下で、音の記憶とともにその表現に対する情緒を格納する。実際に話すときは、意識に上ってくる表現の中で最もよいものを選び、目的にもっともかなった表現を選ぶ傾向がある。

この議論がどこへ行きつくかは、もうおわかりだろう。耳にする言葉のすべての例が完璧であるとは限らないし、その必要もないということだ。というのは、学習者は、表現方法を自分自身で判断して選択するからだ。したがって、ある種の良いネイティブスピーカーの手本が有益であるとはいえ、学習者は、不完全な手本からも大きな利点を引き出すことができる。もちろん、もし利用できるのであれば、熟練したバイリンガルの教師は有益だ。けれども、日本人の英語教師は、自分自身が感じている会話能力の不完全さにしり込みする必要はない。生徒は、自分にとって役に立つ部分を選び取り、それを正しく理解すると確信していい。

もっとはっきり言おう。日本人教師は、英語教育の大部分の局面において、むしろ「ネイティブスピーカーより望ましい」存在なのだ[*一]。おそらく、その最初の理由は、日本人教師の声の質が、生徒にとって、ネイティブスピーカーの発音より聞き取りやすいものであるという事実にあるだろう。次に、日本人教師は、日本人の英語学習者が困難に感じやすい点を理解している。わかりにくい点の説明も、英語で行うよりも日本語で行ったほうが、すばやいし、効果的だ。さらには、日本人教師は、生徒の文化的背景、とりわけ教室内の社会動学をよく理解している。最後の理由は、ほとんどの場合、英語教育の目的は、生徒をネイティブスピーカーのように発音させることにあるのではなく、教養のある日本人が相手に理解してもらえる英語を話すということに置かれるべきだからだ。

＊一　この段落の議論は、イギリス、ニューカースル大学のヴィヴィアン・クック（Vivian Cook）教授の意見を基にしている。とりわけ、次の個所を参考にした。Second Language Learning and Language Teaching, 4th ed. London: Hodder, 2008, pp.188-189.

だとすれば、英語のさまざまな手本は必要であるし、英語を身につける上で役に立つものではあるが、手本の資源を単一のものに求めることは不可能であるし、ネイティブスピーカーは全体の資源のほんの一部を占めるだけにすぎない。このため私は、日本の英語レベルが低い原因が満足のゆく手本が不足していることにあるとは思わない。おそらく、それより重要な問題は、手に入れられる諸資源の利用度の低さと、学問としての英語の練習量に比較して、使える英語の練習量が低いことにあるのではないだろうか。

3　手本をまねることがもっとも有益な年齢は？

人生には、語学を発達させることにおいて、手本の存在が特に有益な時期がふたつある。ひとつめは、初めて語学を学ぶとき、ふたつめは、ティーンエイジャーの時期だ。ここではまず幼年期について説明することにする。

赤ちゃんは生まれ落ちた瞬間から、言語を発達させるために手本をまねしなければならない。具体的に言えば、まねることによって、状況にふさわしい音と意味の組み合わせを学ぶのだ。これは、第一言語についても第二言語についてもあてはまる。最初のころ、赤ちゃんの発話は不完全で意味が通じない。けれども、自分の発声に対する相手の反応を見ながら試行錯誤を繰り返すことによって、発話の種類と正確さを発達させていく。そして、七〜八歳ごろまでに、それまで育った環境で使われている言語を聞き取り反応する能力を完成させる。この人生初期の時期に、一人またはそれ以上の手本が不可欠なことは明らかだ。

私は、早期学習の効果は、発音の細部を発達させることにあるのではなく（これはもっと年齢が進んでから身につく）、リズムや声質、声調（音の高低）、強勢（ストレス）などのパターン、そして目標言語を使って物事に言及する方法などを獲得するための道をつけることにあると考えている。こういったことを身につけるには、目標言語の話し言葉を聞きとることが必要だ。

手本は、どのような年齢においても、人が初めて言語に接するときに重要な意味を持つ。赤ちゃんに物語を読み聞かせることは、たとえその子がまだ話せないときにも有益だ。さらには、どの年齢の語学学習においても、初心者にとっては、書き言葉よりも音声のほうが役に立つ。というのは、声は、文の形だけでなく、状況にふさわしいあらゆる種類のニュアンスやシグナルを伝えることができるからだ。私の知り合いにも、定年退職後に新しい言語を学ぶ人たちに、この原則を応用して教えている者がいる。

手本の存在が重要となる第二の時期は、十三歳から十九歳ごろまでのティーンエイジャーの時期だ。この時期、思春期にさしかかった子供たちは、手本の対象を大人（特に両親）から、同年齢の者にシフトさせる。思春期の子供たちは、特に仲間との社会的なつながりに関心を抱く。性差も明らかだ。一般的に、少女たちは友人たちと良い関係を築くことに心を砕く。そして、友人たちが示している意味や隠された意味、さらにはいさかいを起こさずに相手を批判する方法などに注意を注ぐ。一方、少年たちは、上下関係に注意を払い、自分の地位を主張したり維持したりすることに熱心になる。多くの文化において、少年たちは、相手をけなしたりさげすんだりする言葉を習得しようとする。

思春期の子供たちは、それより幼い子供たちよりも、異なる目的ごとに適切な言葉を使い分けることに注意を払う。彼らには、異なる言葉が非常に異なる影響をおよぼすことがよくわかっている。この時期の子供たちは「言語使用域」（状況に応じて使い分けられる様々な言葉づかいの規則）を身につける。そして、性別によって異なる言葉づかい、フォーマルな場での言葉づかい、年上の人に対する言葉づかい、きちんとした書き言葉、くだけた書き言葉、同輩に対する言葉づかいなどを習得する。思春期の子供たちが理解する「言語使用域」やさまざまな言葉づかいは、第一言語だけに限らない。こういった異なる言葉づかいが、あらゆる言語にあることは、たとえ、その言語を十分に理解していなくても、よく承知している。実際、新しい言語を話すことを妨げている理由のひとつは、そういった異なる言葉づかいがあることがわかっているけれども、それが具体的に何なのかわからないことにある。

思春期の子供たちの関心と能力は、語音の聞き取り能力を鋭くさせる。というのも、話し方によって自分がどういう人間であるか判断されることがわかっているためだ。思春期の時期には、自分にとって好ましくないアクセント＊一を捨てて、憧れている人たちが使っている話し方を身につける傾向がある。それを行う方法が、話し言葉の手本となる人を選ぶことだ。

移民の子供たちは、移住した国のネイティブスピーカーの話し方を常に身につけるが、その両親がそうなることはおそらくない。移民の子どもたちは子供時代、外国人である両親のアクセントで話しているとしても、思春期になると、目標言語のスタイルを忠実に踏襲するようになる。これこそ、教師やその他の手本話者の「不完全な」アクセントを心配する必要がない理

＊一 ［訳注］ 訛りや階級別の話し方など

由である。思春期の子供たちが英語の話者たちに溶け込もうとする際には、言語使用域と音のニュアンスに対する彼らの感受性が鋭くなっているため、それが可能になるからだ。

ただし、日本の思春期の子供たちが、英語を話すコミュニティーにいる人の中に、まねをしたいと思える人材をみつけられるかどうかという問題は残る。実用英語よりも学問としての英語に重点が置かれている日本の現状では、多くのティーンエイジャーは、英語の話者と意思を疎通させたいという思いも、ネイティブスピーカーのように話したいという望みもことさら抱くことはない。「英語の話せる日本人」を育成するという文部科学省の目標を成功させるには、思春期の子供たちが特に会話を交わしたいと感じられるような英語の話者の数を増やすことが必要だ。思春期の子供が自分で選んだ人たちなら、効果的な手本としての役目を果たせるだろう。

D　言語が機能する方法に関する誤解

語学学習を理論的にとらえすぎることがもたらす問題のひとつは、文法の重視だ。一見すると、文法を学ぶことは、整然として構造化された語学学習方法のように思える。事実、文法は確かに整然として構造化されている。けれどもそれは、よくても、言語を説明する簡便な方法にすぎない。今まで記録されてこなかった言語を説明するときに使うツールのようなものだ。言語を学び始める糸口としては便利だが、言語を習得する手段としては限界がある。実際の会話では、私たちは「文法的に適っていない」話し方もするし、「文法に適う」はずの構造が実際には使われていないこともよくある。

日本人が日本語を話すときは、文法を気にしながら話しているだろうか？　もちろん、そんなことはないだろう。単に前例に従い、状況やニュアンスに合わせて、変更を加えながら話しているだけだ。これはあらゆる言語に共通のことである。

文法の規則を教えることを目的として授業を行うことは、いわば、教室でスタイルを教えることによって、スキーのジャンプを身につけさせようとするようなものだ。本当のプロセス――本当のプロセス――スキーのジャンプや英語を話すこと――は非常に複雑で、自らの体を訓練して、そのフィーリングをつかむことにより、もっともよく達成できる。こういった観点からすれば、文法の規則とは、ちょうどスキージャンプのスタイルと同じように、すぐれたパフォーマンスの中から生まれる規則性、巧妙さ、優雅さなどについての「事後観察結果」なのだ。

1　何を教えるべきか

生徒は、どのぐらい文法を必要としているのだろうか？　この問いから導かれる答えは、多岐にわたっている。そのスペクトルの両極の一端にいるのは、高校の教科書を作成している出版社だ。その教科書には、ネイティブスピーカーには思いもよらないような詳細な規則がたくさん盛り込まれている。一方、反対側の端にあるのは、生徒には自然言語だけを学ばせて文法はまったく教えなくてよいとする、人気のある一部の物書きの主張だ。こういった人々の主張にいたく感銘した人たちは、非差別的な立場《ポリティカル・コレクトネス》をとろうとして、わざわざ自然な表現である“language learning”（言語学習）という表現を使うのをやめて、“language acquisition”（言語獲得）という不自然な言葉を使った。

　私たちが教えるべきなのは、文法には、ほとんどの場合に当てはまり、覚えるにも別段難しくない“核”となる部分があるということだ。この核以外のものは使用法に関するもので、個々の状況に当てはめながら覚えなければならない。規則や、それに準じるものの多くや、難解な例外などは、わざと難しくした試験にのみ役に立つものだ。

　どんな言語でも、核となる要素のいくつかは非常に安定していて、その周辺にある要素のいくつかは、社会的な要素をはじめとする多くの複雑な要素に応じて変化する。私は、日本語を学ぶための教科書を読んで感心したことがある。日本語では丁寧さを表すために、「お弁当」や「お仕事」などというように単語の頭に「お」という接頭語を付けることがあるが、この教科書では、この接頭語の規則はすべての単語に応用できるものではないと注釈し、日本語のネイティブスピーカーがその単語に「お」を付けているのを聞いたことがない限り、「お」を付けるのは控えたほうがよい、と学習者に助言していたのだ。これはとてもいい助言で、たとえば、英語で“a”や“the”の付与について説明した詳細な例外規則を学ぶときに陥る混乱から学習者を救ってくれることになるだろう。

　以上は、規則性の周辺で生じることのほんの一例だが、文法書に盛り込み、生徒に規則として学ばせるべき周辺事項はいったいどれぐらいあるのだろう？　私は、それほど多くはないと思う。規則として示されると、言語は退屈なものになるだけでなく、有益なものですらなくなってしまう。けれども耳を通したパターンとして示されれば、それは無限に微妙なニュアンスを帯び、面白いものになる。

私は文法を支持しているが、「度を超さないように」という条件を付けて文法の学習を勧めている。その理由はもうおわかりだろう。私の大学生の学生たちはすでに、中学校と高校を通して、少なくとも六年間は文法を学習してきている。彼らは私から文法を学ぶ必要はないのだ（とはいえ、補習が必要なときもあるが）。必要なのは、心の耳にパターンを蓄積することだ。

2　私が学生に伝えていること

私は学生たちに、耳で覚えるパターンを与えようと極力努力しているが、それを始めるときには、よく困難に直面する。学生たちの多くは、私が何を教えようとしているのか理解できないのだ。彼らは心の底で、英語教師とは文法の説明を行うもので、学生たちは英語を書く練習をするものだと思っている。耳を使ってパターンの練習をしなさいという私の主張は、彼らにとってはある種の愚かなふるまいのように聞こえるらしい。今まで文法が大嫌いだったのに、いざそれがなくなると途方にくれる学生もいるようだ。けれども、英語で会話する楽しさをつかみたいなら、パターンを耳で覚えることは絶対に必要だ。

そこで私は学生にこう伝える。文法は近年の発明で、人類は少なくとも二十万年にわたって、文法を勉強することなしに外国語を覚えてきたのだと。文法はテストのためのものだが、たとえテストにおいても、規則によって文法を理解しようと努めるべきではないと。やるべきなのは、ネイティブスピーカーがやっていること。つまり、心の耳の声を聞いて、適切だと感じた表現を選ぶ、ということである。

3　文法がなかったら、混乱しないか？

私のところに、ある英語教師から激烈な手紙が届いた。彼を「ミスター・グラマー」と呼ぶことにしよう。ミスター・グラマーは、言語教育に文法が果たす役割は大きくないという私のコラムを読んだのだった。手紙の中でミスター・グラマーは、多くの教師、学校、親、さらには学生たちまでが抱いている怖れを吐露した。つまり、文法を教えなくなったら、混乱が生じるのではないか、日本の学生たちは野蛮人のような無教養な英語を話すようになり、聞く人に嫌悪感を与えるようになるのではないか、と言うのだ。

人々の怖れを和らげるために、私は、言語の秩序――規則性、わかりやすさ、さらにはその美しさ――は、文法指導以外の方法で求められ達成されるべきものだと提案することにしている。もし文法指導が秩序を達成する唯一の方法だとしたら、私は文法指導を強く勧めるだろう（実際、英語を教え始めた一九九一年には、そうしていた）。けれども、私の方法が誤っていたことがわかった今では、ミスター・グラマーのような秩序の擁護者に新たな秩序について伝え、考えを変えさせたいと思っている。この新しい秩序を統率しているのは、規則という概念ではなく、容認性[*一]と雄弁性だ。ノーム・チョムスキー[*二]は、人に容認される発話とは「完全に自然で、かつ、紙と鉛筆による分析など必要とせずに直ちに理解できるものであり、突飛なところや異様なところがまったくないもの」としている。チョムスキーは、容認性は文法的な正しさとは異なる次元にあるものだとした。ある種の発話は容認できるものだが文法的に正しいものではなく、またその逆の場合もある。チョムスキーは、容認性ではなく文法を学ぶことを選択することについて、次のように警告した。「現在研究されている問題は、主として数学的な研究の実現可能性によって決定づけられるものであると認識することが重要であり、これを経験的有意性の問題と混同しないようにすることが重要だ」

残念なことに研究者や教師は、何世代にもわたって文法を経験的有意性と混同しつづけたため、文法は、それが有益であるか否かにかかわらず教え続けられることになった。文法の指導があまり役に立たない理由は、次の事実にある。

1　ヒトの脳は、文法分析モジュールを介して言語を作成したり理解したりしているようには見受けられない。むしろ言語は、膨大な並行処理により脳内で処理されるものだ。

＊一［訳注］　母語話者が直感によって判断する文の文法性

＊二　Chomsky, Noam (1965). Aspects of the Theory of Syntax. Cambridge, MA: MIT Press.（邦訳『文法理論の諸相』安井稔訳、研究社、一九七〇年）。この引用は、原著十一～六十二ページより。チョムスキーは言語学における著書の中で、文法は人間の脳に内在するものだという理論を提唱した。

容認される言語パターン（文法的な発話を含むが、それに限定されるわけではない）の習慣化は、音と意味に満ちた神経ネットワークが徐々に構築されることを通して行われる。言語における規則性発達の神経科学的解説については、前述したリーバーマン（二十五ページの脚注＊一）などの文献を参考にされたい。

2　文法規則の指導は、語学学習者が規則を自分のものにすることには、ほとんど貢献しない。これは、習得して納めるためのモジュールがそもそも脳内に存在しないからである。そのため、文法指導による発話の矯正は、たとえ可能であるとしても、非常に遅々としたものになる。ミスター・グラマーも、自分の生徒たち（よい教育を受けているに違いない）の英語の冠詞、複数と単数、時制の取り扱い能力をチェックしてみたら、この考えの正しさがわかるだろう。

まじめな生徒は、完全にではなくともある程度は、規則を習慣として身につけることができる。けれども、その結果のスピーチは、困難で不自然なものになることがあまりにも多い。文法指導に力を入れるあまり、生徒は自然なスピーチをすることから遠ざけられてしまっているのだ。文法規則が文のスタイルのために変わるようなところでは、いつ規則に従って、いつそれを無視すべきなのかわからないため、生徒は路頭に迷ってしまう。

私は、秩序は守られるべきであると思っている。それより何より、私たちは生徒に、予測できるよう、理解できるよう、表現豊かであるよう、そして優雅に話すことができるように教えなければならない。ところが、従来の文法指導では、この目標を達成できない。もっとよい方法は、生徒たちに、語用論的に正しい方法で自然な言語を体験させることだ。

もちろん言語は、その大部分が認識可能なパターンによって構成されている。広範囲に使われており比較的単純なパターンを持つ、「文法規則」として説明することができるものもたくさんある。そして、それ以上に、イントネーション、センテンスの断片、マルチワードユニット（ＭＷＵ＊一）といったよりニュアンスの細かいパターンがたくさんある。ポーリーとサイダー＊二によると、ネイティブスピーカーは、推定数十万個のＭＷＵを使っている。このふたりの著者は、流暢な話者がスムーズかつ途切れない会話を続けるには、ＭＷＵは欠かせないものであると考えている。そしてＭＷＵには、文法に適ったもの、適っていないもの、部分的に文法に適っているものがあるとし、文法的に正しい文のすべてがネイティブスピーカーらしい話し方として容認されるわけではないことを実証した。

では、私たちはどうすれば、生徒や学生たちに、ネイティブスピーカー並の流暢さを身につけさせることができるのだろうか。それには、生徒たちに、もっとも興味を抱ける人々と交流したいと思う気持ちを抱かせなければならない。生徒たちは、伝えたいことが話せるようになり、話し続けるために会話をコントロールする能力を身につけられるようになることが必要だ。

＊一〔訳注〕関連する複数の単語のひとまとまり

＊二 Pawley, Andrew and Syder, Frances H.. Two Puzzles for Linguistic Theory: Nativelike Selection and Nativelike Fluency. In Richards, J. C. and Schmidt, R. W. (Eds.). Language and Communication. London: Longman, 1983 (pp.191-226).

そのため、生徒に対して、語彙と定式表現を慎重に選択してあげることが必要になる。できれば、個々の生徒や、グループごとに選択してあげたい（"Hello, my name is ..."という定式表現は、指導綱領の初期に含めるにはいいだろうが、最初に教えるべきものとしてはふさわしくないと思われる）。学習理論に素直に敬意を表するならば、定期的にコミュニケーションのための表現を強化して豊かにするための指導が必要だ。

文法知識に自信のある教師も、文法に関する要点を説明したくなる気持ちを抑えて、生徒が自ら意味のある発話を生成する際に浮上してくる質問に答えるようにすべきだ。どれほど説教したくなったとしても、もしそれをしてしまったら、生徒が生成している意味の流れのムードが失われてしまう。生徒の能力が向上するにつれ、彼らはいくつもある形式のうちのどれが適切で、なぜそうなのか、と質問するようになる。そのような場合、教師は答えを導くことができる文法の規則が見つけられず、「それが適切に思えるから」とか「ネイティブスピーカーはそう話すから」という答えしかできないことが多い。だが結局のところ、これが最上の答えであり、あらゆる個々の言語社会において、これこそ「文法に適っている」究極の基準なのだ。

私が言いたいのは、容認されるパターンの一部を文法の規則という形で提示することは、生徒にとって害になるということである。それよりずっと有益なのは、さまざまな状況に適した表現のセンス（それが文法に適っていようがいまいが）を生徒が育めるよう促すことだ。このアプローチをとれば、状況に適した、社会的、双方向的なものとしての言語習得が支援できる。なにより、生徒にとって、外国語学習は楽しいものに感じられるようになるだろう。文法指導は、こういった特質の獲得を助けるどころか、「正しさ」に拘泥するあまり、その芽を摘んでしまっている。

私の夢は、生徒たちがコミュニケーションのための姿勢を身につけ、言語学習の初期の段階からネイティブスピーカーと話ができる能力を伸ばせるようになることだ。そうするためには、非常に多くの基本的かつ自然な形（フォーム）が必要になるだろう。これは必ずしも文法的なセンテンスではなく、会話を進めるための道のようなものだ。この取り組みを成功させるには、質問を投げかけたり、再び発話を繰り返すように促したり、生徒が話したことを是認したり、相槌やちょっとした音によるさまざまな合図を送ったりすることなどが欠かせない。目標は、生徒が実際に話すことを通して学んでいけるようにすることだ。これが、私の考える望ましい教授法、つまり言語指導と言語学習の核に語用論*一を据えるということである。

4　教師を責めるべきではない

社会心理学の本を読むと、社会科学によって明らかになった事実のいくらかが、日本における英語教育と英語学習にそのまま当てはまることにいやでも気づかされる。日本には、英語教育の質が非常に低いという「自己成就の予言」がある（これについては、冒頭のセクションですでに論じた）。このことに伴う典型的な問題は、批判の矢が、本来の状況に依存する原因で

＊一 ［訳注］ 言葉そのものよりも、場面やコミュニケーションの文脈に即して言葉の意味を理解しようとする考え方

はなく、それに関わっている人たちに向けられる傾向にあることだ。

近年目覚ましく発展した社会心理学の主要理論のひとつに、物事が失敗する理由（あるいは、あまりないことだが、物事が成功する理由）に関する人々の考え方を研究する「帰属理論」がある。社会心理学者たちは「基本的な帰属の誤り」について説く。真の原因である状況を批判する代わりに関与している人々を非難する傾向、さらには、瑕疵などないのに、無理やりそれを見つけて批判するという傾向は、もともと人間に備わっている性向であるらしい。たとえば、ジャックという男の頭に隕石が落ちてきたとき、「ジャックはなんてバカなんだ。いつも不適切な場所にいるんだから」と批判するようなことだ。これと同じように、私たちは出来の悪い生徒を見ると、塾に行かせる余裕がその子の親になかったことを考慮するかわりに、その子が怠け者であるせいだと決めつけてしまうことがある。

私は、日本における英語教育は情けないものだという主張は認めないが（最悪の場合でも、その事実が実際に測られたことはない）、それが完璧であるとも思わない。もし問題があるとすれば、その原因はどこに求めたらいいだろう？「基本的な帰属の誤り」をあえて犯すとすれば、英語教育システム自体ではなく、それに関わる人々を非難することになる。「そうなんだ。たぶん教師が無能だからだ」と。事実、文部科学省とその諮問機関である中央教育審議会は、そういった方向に傾いているように思われる。

二〇〇四年に、文科省は英語教員の間で調査を行い、高校教員の八十％および中学教員の九十％が英検準一級に合格していないという理由で「教員の言語能力に不足がある」と結論付けた。その結果ひねりだした改善策とは、教員に英語能力を向上させるよう促し、コミュニカティブ・ランゲージ・ティーチング（コミュニケーションのための言語教育法）を指導する夏期セミナーに参加させるというものだった。

教員の英語における流暢さだけを重視するのは、問題をあまりにも狭く考えすぎていると言わざるを得ない。確かに、教員が流暢な英語をあやつることは有益ではあるが、それは絶対条件ではない。求められているのは、生徒側の流暢さだ。スポーツにおける優れたコーチのように、教員も、たとえ本人にその力が備わっていなくても、生徒の流暢さは育てることができる。もちろん、教員に個人的なスキルがあれば好都合だが、たとえそれが不足していたとしても、生徒、保護者、省庁などから咎められるべきではないし、教員がそれによって自尊心を低下させるべきでもない（よくそうなっているのが現実だが）。

私が今までに出会い、共に働いた日本人の英語教員のほとんどは、誠実で有能な人々だった。けれども、置かれた状況のために身動きできないでいた。生徒を流暢な英語の使い手に育てるには何が必要かということは、教員にはよくわかっている。実際のコミュニケーションの応酬の中で使う弾丸として英語を駆使することにより、英語のスキルを磨く機会が必要なのだ。ほとんどの教員は何をしたらよいかよくわかっているにもかかわらず、目前に迫っている緊急の仕事に忙殺されているうえ、望み通りに教えるには、あまりにも制約がありすぎるというのが現状なのである。

中学一年生は、最初の英語の授業を迎えるとき、実際に英語が話せるように力をつけてもらえると期待している。けれども私たち教員の多くは、教育システム上の制約から、その力が与えられないと生徒が気づいていく姿を落胆しながら見つめてきた。

生徒の英語力が低いとされている原因を英語教員に求めるのは、論点を外している。教員たちは、職場環境、職場における同僚との上下関係、社会通念（とりわけ大学入試に関する社会通念）などといった目に見えない制約にがんじがらめになっているのだ。こういった制約の中でも、教員たちは、生徒を支援すべく最大限の努力をしている。だが、教員自身が、「基本的な帰属の誤り」に屈し、システムが原因である問題を自らのせいにして自分を責めていることが、あまりにも多いのである。

E　制度のようになってしまった慣行

ここで言う「制度のようになった」慣行とは、公的な制度のことではなく、あまりにも広く行われたために、まるで規則のように、人々の考え方に影響を与え、行動を導くようになった非公式の慣行のことを指す。本セクションでは、文法の過度の重視、変化をこばむ人間の傾向、そして、日本における英語教育向上をはばむ概念的・感情的障壁という三つの慣行について考える。

1　文法はいかにして「誘引的ニューサンス」になったか

文法は「誘引的《アトラクティブ》ニューサンス」（人々を魅惑して有害な状況に引き入れる物事を指す法律用語）だ。私たちは状況を改善する努力を払わなければならない。けれども、どうやったらそれができるだろう？　なぜ文法は魅力的であり続けるのだろう？　多くの企みを宿した罪のように、文法は、それを取り除こうとする試みをことごとく退ける。

どのような言語であれ、その言語を母語とする者は、発話を生成したり解釈したりする際に文法の規則を使うことはない。また、規則を活用することを通して第二言語学習者が流暢さを身に付けられるわけでもない。にもかかわらず、文法指導は、いくつもの魅惑的な特徴を提供して、学校運営者や教員や試験作成者や教科書会社を惹きつける。生徒や保護者も文法指導は当然必要なものだと思い、文法による拷問は、教育システムにつきものの「しごき」として受け取られている。

文法自体が魅力的だというわけではない。教員のほとんども、生徒の文法嫌いを共有している。それでも文法指導が引き続き行われているのは、行政機関や経済的社会的な力がそれを推し進めているからだ。その責めを誰かに負わせることもできない。この企みを推し進めているのは、そういった力そのものだからだ。誰に話をしても「私にそんなことは言わないでくれ。私にはどうすることもできないんだ。隣のやつのせいなのだから」と言う。

学校は秩序を求める。学校は、授業が、明示的な内容を持つ秩序だった過程をたどって行われることを求めている。これは数学や歴史をはじめとする多くの科目では可能だ。そのため学校が、語学もまた明確な内容を持つ秩序立った過程に基づいて教えられるべきだと考えても無理はないかもしれない。

学校にとっての明示的な文法指導の価値とは、秩序だった講義要綱を要求できることと、授業内容が予測できることにある。その内容は、容易だと考えられているものから難度が高いと思われているものに至る、あらかじめ決められた規則の指導だ。語学教育の場合、学校は、明示的な内容が次第に生徒の頭の中で自動的なものとなることを前提にしている。とはいえ、最初に教えられること（たとえば、主語と述語の一致や、"a" "an" "the" といった冠詞など）を生徒が満足に身につけられていないという現実から、その前提がそもそも誤っていることに気づくべきだ。

a　秩序立った教科書

教科書の出版社もまた、秩序立った一連の明示的な教材を好む。教科書には章がなければならないが、教科書のセールスポイントの一つは、明示的な規則の連なりに従って章が立てられているというものだ。これをまとめたものは、よく教師向けの手引きや付録に掲載されていて、各単元でどの新しい構文を教えればよいかがわかるようになっている。

では、どうやったら教科書会社に、この一連の明示的な規則に基づく章立てを放棄させることができるだろうか？　それはまったく不可能なことではないが、唯一の方法は、一連の異なる明示的な素材（おそらく典型的な状況や典型的なジャンルなどに関わるもの）を各章の内容にすることだ。教科書によっては、この方法を採用しているものもある。

以前私は、今まで一度も気に入った教科書に出会ったことはない、と書いたことがある。自分で作った教科書でさえ例外ではない。その理由のひとつは、教科書は常に平均的なレベルの生徒に合わせて作られるもので、同年齢の生徒たちに比べて習熟度が速かったり遅かったりする生徒たちに合わせられることが決してないことにある。それよりさらに大きな理由は、たとえどのような素材であっても、文字に書きつけた時点で、死んだものになってしまうからだ。だが、言語は生きたものである。テニスボールのように、常に動き続け、常に変化し、常に何らかの予測不能な局面を持ってしかるべきものだ。しかし教科書産業は巨大で説得力があり、魅力的にパッケージ化された明示的な素材の販売から直接利益を得ている。そのため教科書会社は文法指導の強力な促進者として経済的影響力を行使し続けるだろう。

教師もまた、日々多忙な生活を送る中、実際的な手段として教科書をありがたく思っている。とりわけ日本では、一クラスの生徒数が三十五人から四十人にも及び、教師は授業以外にも多くの仕事を要求される。生徒に合わせて素材を作成するような余裕はない。

私の知り合いに、優秀な中学校の英語教員がいる。生徒のために独自のコミュニケーション用の教材を作成するよう主張し、翌日の授業に備えるためにしょっちゅう夜遅くまで働いて、理にかなった素晴らしい授業をしていた。けれども、精神的に疲れ果てた彼女は、結局体を壊して休職するはめに陥った。

教科書は、授業の準備をする時間がない教師にとっての生命線だ。授業に向かう途中で手に取れば、批判される恐れを抱かずに授業を行うことができる。私自身もそうしていた。補助教員だったとき、授業開始二分前に本教員が欠勤していることを告げられたことがあった。当然、私の解決策は、その日に割り当てられたページの教科書を使って、内容をそのまま教えるというものだった。

b 「入学試験は文法だらけ」

「自己成就の予言」はもうひとつある。大学の入試では文法をテストするから、文法はあらゆる学年で教えられなければならない、というのがそれだ。ただしこの予言は、年を経るごとに真実味が薄れてきている。多くの大学の一次試験の役目を果たすようになったセンター試験では、文法の問題はほとんど出題されない。にもかかわらず、文法という亡霊は、いまだに学校生活のあらゆる隅に潜んでいる。

日本における大学の入学試験は、毎年新たにアマチュアによって作成されている。つまり、ほとんどの入試問題作成者はテスト理論を応用することもなく、試験で判断したいスキルの性質についてもよくわかっていないまま問題を作成しているということだ。教授たちからなる試験作成委員会が毎年新たな問題を持ち寄り、当然のことに、もっとも容易に見極めることができる言語の表面的な特徴をあらわした問題を選択する。通常は、過去に行った試験にマイナーな変更を加えるだけだ。その結果、入学試験は伝統的に文法と語彙を重視するようになった。一部の入試問題を見ると、言語とは一連のとるにたりない〝トリビア〟から成り立っているようにさえ思えてくる。この状況は、試験作成者が「コミュニケーション能力」を見極め、それを測ろうと努力するようになるにつれ、徐々に変わってきている。けれども、その概念の曖昧さが、迅速な採用を妨げているというのが現状だ。

入試作成委員会さえ文法の妖しい力に屈してしまうとしたら、私たちにはどんな希望が残されているというのだろう？　個人レベルでは、ほとんどの入試委員会のメンバーも、密かに文法を愛しているわけではない。けれども実際には、もしあらゆる大学の入試委員会のすべてのメンバーが明日強制的に委員を辞めさせられたとしたら、その後に委員になるメンバーも、大急ぎで文法を再び呼び入れることだろう。身の毛のよだつような、恐ろしい文法によって、入学志願者の最高の頭脳に挑もうとするに違いない。そもそも、それ以外にできることなどあるだろうか？　文法は、みなが認める戦場、踏みならされた地面であり、そこでは規則はおなじみのもの、少なくとも探せば見つかるものだ。入試作成委員会の限られた時間とエネルギーを満足させられる素材は、ほかにまったく見当たらない。

プロフェッショナルな言語テスト作成機関も、文法の策略に完全に引き込まれそうになっているが、中には、その魅力から逃げおおせているところもある。かつての紙ベースのＴＯＥＦＬ《トーフル》テスト（Test of English as a Foreign Language：英語が母語でない人のための英語テスト）では、三分の一の配点が“structure”、すなわち文法の試験で占められていた。だが、今日のインターネットベースのＴＯＥＦＬ（ｉＢＴ）では、文法を直接テストすることはなく、独立した“structure”のセクションを設けるかわりに“integrated skills”というセクションを設けて、スキルの組み合わせをテストしている。この変更を実現するのは、テスト作成側にとっても容易なものではなく、ＴＯＥＦＬテストの熟練した試験問題作成者でさえ、組み合わされた言語スキルのテストを設計し、公平な採点手続きを確立し、受験者にｉＢＴ版のテストを受けるよう促すのは至難の業だった。今でさえ、旧来の紙ベースのＴＯＥＦＬを生徒に受験させている学校は多いし、わざわざ紙ベースのテストが受けられる機会を探す受験者も多い。

プロの試験問題作成者ではない者は、どのようなものであれ明示的な知識が測れるものに大きく依存することを余儀なくされ、伝統的な文法は確かにそのニーズを満たしている。私の学生の一人である高校の英語教師は、数学科がうらやましいと言う。数学のテストの答えは正誤がはっきりしているからだ。一方、英語教師が正しく仕事をしようとすれば、コミュニケーション能力と、その妥当性が測れる適切な手段を探さなければならない。

もちろん、入試の影響は絶大だ。学校も塾も公然と、言語教育の目的は言語を教えることより、むしろ生徒を試験に備えることにあると認めている。文法に対してこだわりを感じたとしても、それは入試のプレッシャーに容易に吹き消されてしまう。こうして、システム全体が「誘引的なニューサンス」を重視するようになる。

今まで述べたことに照らせば、文法は、信念と利害関係が複雑に絡み合ったものに深くかかわっていることがわかるだろう。文法は、教育現場に満ち溢れ、指導内容を規定し、試験内容を支配する。その理由は、決してそれが効果的であるからではなく、私たちの思い込み、すなわち、私たちが思い込んでいる言語の性格と指導方法に合致しているからだ。そうだとすれば、私たちが担うべき次の任務とは、文法の代わりとなるものを見極めることである。それは、文法が果たしている機能をすべて網羅し、しかもより効果的なものでなくてはならない。幸運なことに、現在流行している概念を相殺できる可能性のある概念が近年いくつも現れてきた。そういった新しい概念については本書の第二部で紹介するが、そのなかのいくつかのものには、現在の言語教育システムを変えうる力があるかもしれない。

2　学校には、ほんとうの英語の居場所がない

いつもなら信頼のおける当局は、日本の公立学校では、コミュニケーションを図るアプローチを採用して英語を教える方向に進んでいると言っている。一九九五年の全国語学教育学会(JALT: Japan Association for Language Teaching)において、当時の文部省のある担当者は、コミュニケーション能力の指導に重きを置く新たな傾向は、文法訳読偏重という「悪しき傾向」の解毒剤となるものだと講演した。彼は、変化はすぐに生じるものではないことを認めたが、「十年後には、旧弊の悪名高き文法訳読法中心の大学入試に変化が起きているだろう」と予測した。実際、大学入試に関しては、すでに変化が表れている。たとえば現在、大学入試の一次試験に使われる全国的な「センター」試験の英語問題では、文法を直接問う問題はほとんど出題されていない。

けれども、学校現場ではどうなのだろうか？　公立学校では、試験志向の英語（受験英語）からコミュニケーション能力を育てる英語（使える英語）への大きなシフトが生じているのだろうか？　いや、そうではない。未だに、数万人もの英語教員は、時間的な余裕もなく、英語を生きた言語として教えるよう励まされてもいない。

教師をしているもっとも興味深い友人のひとりに、英語教育システムを内部から変えようとしてきた女性がいる。私が、英語教育における日本の鎖国主義について発表したとき、高校で

英語を教えているこの女性――「タダシイ（正しい）さん」と呼ぶことにしよう――が手を上げ、日本人でありながら、この鎖国主義にはいつも足枷をはめられていると発言した。タダシイさんは高校の正規の英語教員で、文部科学省の指導要領を真剣に受け取り、英語を生きた言語として教えようと努力している。この最後のことが、彼女を大きな困難に陥れているのだ。

タダシイさんは、英語の授業を一生懸命やっている。常に指導方法を向上させる道を探っているし、生徒たちがそれぞれ最高の可能性を引き出せるように本気で努力している。それならなぜ、同僚の教員たちから利己的で危険な存在だとみなされ、いつも最悪のクラスばかり割り当てられるのだろう？　タダシイさんと話し、彼女の体験談を読むことを通して、私にも現実に起こっていることがうすうすわかりかけてきた。

タダシイさんは、同僚の日本人英語教員は、コミュニケーション能力を中心とする英語教育を推し進めていないようにみえると言う。高校一年生のオーラルコミュニケーションの授業の際、同僚たちは、英語のネイティブスピーカー（ＡＬＴ：外国語補助教員）が教室内にいればコミュニケーション中心の授業を容認するが、外国語補助教員がいないと従来の方法に戻って、文法と訳読の授業を進める。文部科学省はもはや文法を英語の四つのスキル（読み、書き、話し、聞く）から独立して教えることは要求していないのに、同僚たちは文法書の購入を毎年生徒に強要し、そういった本を使って授業を進めていると言う。

タダシイさんは以前の職場で、生徒のコミュニケーション能力を伸ばすことに取り組んでいた。「私の授業では、文法規則を説明したあとに、生徒に活動の機会を与えています。この機会を通して、生徒は習ったばかりの文法を会話や作文などで使ってみることができるのです。

私は、文法とは単なる道具で、使わなければまったく価値のないものだと信じています。リーディングの授業では、生徒たちに、正確に和訳することは求めずに、短いストーリーの各段落の意味をつかませます。初めて出会う単語は、文脈から類推させます。類推は、丸暗記よりずっと楽しい活動です」

タダシイさんは、生徒が流暢さと理解度を示すことのできるテストを課した。他の教員は、文法事項を記憶する能力を測るテストを行っていた。タダシイさんはまた、学校行事でスピーチをするように生徒を励ました。「生徒たちは、将来の夢や、日本の国際的な役割などについてスピーチを英語で行いました。彼らが行ったすばらしいスピーチは、言語の習得とは理想ではなく現実であることの証拠です」彼女は言った。だが、この生徒のスピーチを聞きにきた教員はだれもいなかった。

タダシイさんは、他の教員の教授法について不満を訴えた生徒がいたと言った。そこで他の教員に、一緒に努力して生徒が英語を効果的に使えるように教えようと働きかけたのだが、彼らは、タダシイさんのアプローチに賛同しなかった。そういったアプローチが理想であるとは認めるが、生徒のレベルが低いので、非効率的だというのだ（そう言いながら、レベルの低い生徒に英語を学問的なパズルとして教えることが妥当だとする根拠については説明しようとしなかった）。

タダシイさんは、こう言う。「私が皆とは違う方法で教えたことが、同僚たちの気に障ったのでしょう。私は、従来の教え方をせず、学校の調和を乱していると、よく非難されました。まるで犯罪者のように扱われ、職員会議の場では、皆の前で『利己主義』な教師だと非難されたこともあります」

新しい高校に移動になったとき、タダシイさんは学校長と面談した。校長は、彼女が「利己主義」で、協調性がなく、調和を乱す人物であるという風評を耳にしていた。「校長から、この学校では、英語指導の理想のようなものは一切持ち込まずに、他の同僚教員のやりかたに従うようにとクギを刺されました」タダシイさんは、文科省の指導要領にただ従いたいだけだと説明した。「そうしたら今度は校長から、私の高校は私の方針に従っている。だから、学校のやり方に反する方法で教えようなどとすべきではない、と言われました」

3 変化への抵抗

これは、悪名高い日本のいじめの一例だ。タダシイさんは、グループの規範に従うように強要された。英語教育の場合、規範とは次のようなものである。学習の目標を規則の暗記に置くこと、規則を教科書に従って秩序だった方法で教えること、テストには生徒の暗記学習の成果が測れるように、規則に基づいた問題を出題すること。こういった規範に従う教員にとって、タダシイさんは誤った考えを抱く教員、あるいは危険な教員であるとさえ映った。タダシイさんが教育の中心に据えている国際化は根強い恐怖感を引き起こし、彼らが一生懸命保存しようと腐心している日本人としてのアイデンティティーを損なうものだとさえ受け取られた。

教員やその監督者たちの多くは、文科省の指導要領を無視するという密約に加担して、結束を乱す者を罰しようとする。こういった極端な状況において、私たちは「なぜなのだ？」と問わずにはいられない。タダシイさんの同僚教員や監督者たちに、これほど熱烈に規範を守らせようとしているものは何なのだろうか？　こういった規範がレベルの低い生徒に対する効果的な指導法であるからではないのは確かだし、文科省がこういった基準を支持しているわけでもない。さらには、大学入試がそれに大きく基づいているわけでもない。ほんとうの理由は、多くの教員が、未知の物事に恐怖感を抱いていることにある。

文法・訳読を教えることは、臆病な教員に大きな安心感を与える。多くの教員はトレーニング不足から、コミュニケーションのための英語を教える自らの能力に不安を感じている。たとえ効果が薄くとも、文法事項を一度にひとつずつ文法書に基づいて教えることは、かなり楽だ（少なくとも、意味のあるコミュニケーションを教えなければならないことがもたらす恐怖感に比べれば、そう言えるだろう）。さらに、多くの教師は自らの英語力に自信がなく、生徒を流暢に育てるには、自分自身がまず流暢にならなければならないと（誤って）信じ込んでいる。だから、安全な場所に留まって、自分が理解できることだけを教えようとする。

ほとんどの教師が英語指導に関わる概念的・情緒的な障壁に遮られている限り、その障壁を乗り越えることはできない。文科省が打ち出した実現する望みの薄い指導要領は授業の現場で教員たちに無視され続けるだろう。学校運営者はこの草の根の反抗を続ける教師たちを支持しがちで、タダシイさんのような良心的な教師は村八分の憂き目にあう。

タダシイさんの経験は、教育政策の立案者に対するメッセージだ。すなわち、当然のこととして生じている強い力が、今日の公立学校における英語教育の状況をもたらしているのである。もし概念的・情緒的障壁が存在し続ければ、たとえどれほど改革が魅力的なものであったとしても、それを達成することはできない。この壁を打ち崩すための改革に関する具体的な措置の検討が必要だ。

F　財政上の制約と工場型の教育

一九〇四年。高名な言語学者で英語学の教授だったオットー・イェスペルセンは、英語は魂と魂を結び付けるものとして教えられるべきことはよく知られているにもかかわらず、「依然として旧弊な文法指導が、その訳のわからない規則や例外とともに生き続け、あらゆるところにはびこっている」と嘆いた[*一]。

これを知ったある読者は、「一世紀も前に！」と驚いた。「つまり、文法指導をやめて、コミュニケーション能力を伸ばすように英語を教えるべきだということを、百年も前に知っていた人がいたということですか？」と。この読者は、コミュニカティブ・ランゲージ・ティーチン

---

*一　オットー・イェスペルセン（Otto Jespersen: 1860-1943）は、高名な言語学者で、デンマークのコペンハーゲン大学の英語学教授だった。この言葉は、一九〇四年に出版した著書『How to Teach a Foreign Language』から引用したもの。同書は Sophia Yhlen-Olsen Bertelsen がデンマーク語から英語に訳し、ロンドンの George Allen and Unwin 出版社によって刊行された。

グ（ＣＬＴ）とは最近の発見で、この教授法は日々着々と旧来の方法を塗り替えているのだと思っていた。そして、専門家が百年以上も前にＣＬＴが最良の方法だと知っていたのに、ＣＬＴが文法中心の指導に代わることを妨げてきたのは、どんな邪悪な力だったのだろうかといぶかった。

1　文脈を外された知識

ＩＢＭの仕事で初めて日本に来たとき、私は、言語とは抽象的な記号のようなもので、辞書や親切なバイリンガルの秘書の助けがあれば、一つの言語から他の言語にそのまま移し変えることができると思っていた。日本での仕事の初日に、私は誰か（今となっては、誰だったか、なぜそうしようと思ったのか思い出せないが）にお礼が言いたかったので、"Thank you."は、日本語でどういえばいいのかと秘書に尋ねた。彼女はそれまでやっていたことを中断し、しばらく考えたあと、ついに私に訊いた。「その方に、どれぐらい感謝しているのですか？」と。そのとき私は、彼女が考え付く"Thank you."を表す表現はたくさんあり、適切なものを選ぶには、より多くの情報を必要としていることに気がついた。これこそ、言語を学問的な知識として学ぶことに対する疑問が芽生えた最初の瞬間だった。言語スキルは、文脈なしにはほとんど存在しえない。にもかかわらず、言語を学問的知識として教えようとするとき、この文脈が欠落していることがよくある。

文法の形式や語彙を、文脈や個々の状況などから切り離して教えることができるという考えは西洋に特有のものだ。非西洋言語を教育する者のなかには、こういった考えに疑問をさしはさむ者がいる。リン・マリオ・T・メネーゼス・デ・スーザ[*1]は、西アマゾンのカシナワ族について「彼らは、現代主義者の概念である客観性を認識しない」と書いた。そして、これは「アメリカ先住民の文化と言語が、文脈から切り離した……情報と規範的な……規則に基づいて築かれる、文法化という西欧の概念を受け入れない」理由のひとつであるとした。メネーゼス・デ・スーザは、多くの非西洋社会では、あらゆる情報について事実的・社会的文脈を想定するため、抽象的な原則は受容しないと言っている。

文脈から切り離した文法があまり有益でないことを知るには、わざわざ遠くのブラジルにまで思いをはせる必要はないだろう。私たちの周りでも、文法はあまり有益に働いてはいない。私たちはみな、カシナワ族の例から学ぶことができる。もしかしたら、カシナワ族の人たちが言語を教えたり学んだりする方法、そしてその結果をテストする方法を慎重に調べたらいいかもしれない。そうすれば、いつの日か文法指導から逃げおおせ、言語指導の効率性を高めることによって、オットー・イェスペルセンの功績に報いることができるかもしれない。

＊1 Menezes de Souza, Lynn Mario T (2005). A Change of Skin: The Grammar of Indigenous Communities in Brazi. TESOL Quarterly, 39, 724-728. メネーゼス・デ・スーザにより、ポストモダンの伝統である批判的教育学の観点から書かれたもの。この批判的教育学では、教育者の無意識下の思い込みの中に、西洋の帝国主義の証拠を探そうとする。

2　英語教師の再訓練は万能薬ではない

文部科学省は、日本人の実用的な英語力を向上させるための五か年計画を打ち出し、この目標に沿って、英語教育を改革するための様々な手段を繰り出した。なかでも中心に据えられたのは、実用英語の教授法を授けるための再訓練コースに、毎年何千人もの英語教員を送り込むことだった。

けれども、英語教員をいびることによって、どんな効果があるというのだろう。日本における情けない英語習得の状態について教師を責めるのは、空っぽだといって冷蔵庫を責めるようなものだ。ほんとうの問題は、システム内のほかのところにある。こういった状況においては、社会学的な見地から問題を眺めてみるのが最善の策である。

教員を再訓練することが、それだけでは望ましい効果を得られないのは、次の三つの理由による。（1）実用的な英語を教えるには教員は忙しすぎる、（2）改革は同僚の英語教員や役人の抵抗にあう、（3）目標である英語力の向上を達成するには、日本の教育の根幹を成している構造や思い込みを変えることが必要になる。

まず、教員は忙しすぎる。日本の学校に勤務する教員の仕事は、ばかばかしいほど増え、ふつうの人間の能力を超えるまでになってしまっている。教員は決められた時間より早く登校して、遅くまで残ることが当然のこととみなされ、授業以外にも山のような職務をこなさなければならない。清掃の監督、クラブ活動のコーチやアドバイザーの役割から運動会や遠足などの特別活動の準備と実施、試験の作成・監督・採点、校則違反や病欠や不登校などの問題への対処、保護者との個人面談やPTAでの話し合い、生徒募集、そして、永遠に続くかと思われる非効率的なおびただしい職員会議など、年中休みなく働かされる。

多くの国では、従業員それぞれに、仕事の割り振りと業務評価を行うマネージャーが付くのが慣例になっている。このようなマネージャーは、各従業員の仕事量に責任を持っている。とくに、仕事量は業務の質と従業員の健康に関わってくるため、この役割は重要だ。しばらく日本で働いたあと、私は、マネージャーとしてのこの役割が上司の関心から欠落していることに気づいた。おそらく、部下に無制限に仕事を課すという傾向は、精神力はすべてに勝る——意思の力がじゅうぶんに強ければすべてが可能になる——という日本的な信念に基づいているのだろう。"overwork"（オーバーワーク）という英語には、過労という意味が伴うが、日本では、英語の"working overtime"（残業）が意味する程度にしかネガティブなニュアンスがないように思われる。

日本の教師は、サラリーマンより分が悪い。おそらく学校は実業界に比べて、さらにマネージャーの役割が曖昧なためだろう。通常の場合、中学校の主任は教員に職務を割り当てる役目を担っている（もちろん公平に、だが）。けれども、割り当てた職務が限界を超えたとしても、権限上、それを止めることができない。

静岡県沼津市にある加藤学園の英語イマージョン・プログラムでは、海外から大勢の熟練教師を雇うことが欠かせないが、とりわけこのプログラムがスタートした年には、外国人教師の出入りが激しいという問題に直面した。日本の学校における教師の仕事量について事前にどれほど忠告しようとも、欧米の教師は、実際に経験するまでそれを信じようとはしなかった。それを信じる根拠もなかったのだ。世界の英語圏の学校には、日本ほど仕事量の多いところはないのだから。

日本人の教師も、最初に教員になったときにこれと同じショックを体験する。その結果、教員を辞めて異なる職種に就く者がでてくる。学校運営者は、高い志を持っていた若い教師が辞めていくのは、変哲もないことだとみなしているらしい。なんともったいないことだろう。とはいえ、熟練教師であっても、仕事量の多さのあまり、疲れ果て、多くの心理的トラウマを抱えてしまうことがある。

教師が大量の仕事を押し付けられているという事実は、文科省が望んでいる形で英語を教える余裕がないという状況をもたらしている。たとえ教員がそうしたいと望み、そのやりかたがわかっていたとしても（実際、多くの教師は理解している）、そのために必要となる教材を用意し、授業を組み立てて実践するだけの時間やエネルギーがないのだ。授業開始のチャイムが鳴ったとき、教員がとれる唯一の選択肢は、標準的な教科書のその日のページを開いて、それを教えることとしかない。その結果はおなじみのものである。生徒は授業から最小の利益しか得られず、退屈して不満を抱く。

だとすれば、実用的な英語を教えるための最初の障壁とは、教員たちが、意味のある授業を計画して実行するための努力を払うにはあまりにも疲れていて、そうする時間の余裕もないという現実だ。

たとえ時間的余裕があったとしても（実際、一部の有能な教師はどうにかして時間とエネルギーをひねり出している）、教員たちは同僚や学校運営者の抵抗に直面する。非難はさまざまな形をとって現れる。学校の通例に従わないため、良い教師は反体制派とみなされ、調和と標準化の空気を乱す者というレッテルを貼られる。校長や主任は、既存のやり方に従わない教員を探し出して罰することにとりわけ熱心なようだ。文科省の指導要領に従おうとしたタダシイさんは、こういった圧力にさらされた教員の一人である。

学校内の圧力のもうひとつの例は、標準の教科書を使用するように圧力をかけられることだ。いったん教科書が決まると、あらゆる教師がそれを使用するように、しかも同じペースで使用するように求められる。たとえば、中間テストまでに、教科書七十四ページまで進んでいなければならない、というお達しが発せられる。これは個々の生徒がそのページに達していなければならないのではなく、授業がそこまで進んでいればよいということだ。生徒のほうは、ひとり、ふたり、とペースから脱落していき、その結果、授業ではともかくも七十四ページまで進んでいても、生徒の中には実質的にまったく何も身につけていない者が現れる。

3　入試を目的とした指導

入試を目的とした指導は、日本における英語教育を停滞させている。文科省が、センター試験のような試験において実際的な英語力をテストするよう支援しているにもかかわらず、多くの大学では毎年新たに入学試験を作成することに固執している。大学では概して、毎年の恒例行事である入試作成と入試手続きをやめる方法など、見当もつかないのだ。こういった伝統行事に加え、多くの大学は受験料を収入の一部としてあてにしている。そして高校では、コミュニケーション能力を高めると口先だけで言っておきながら、生徒にとって最も大事な目標は大学合格だとして、意図的に入試に合わせて技術的な文法要点の指導を行っている。

日本の巨大な塾産業も入試の合格に照準を合わせている。そこで教えられる英語はまさにテストに合わせたもので、実際的な使用法どころか、まるでパズルの解き方を教えているようなものだ。塾と競争しなければならない高校は、生徒が塾に行かなくてもいいように、入試に向けた英語を教えなければならないと言い訳する。けれどももちろん、どれほど学校が保護者を安心させるためにそう言おうと、保護者はわが子に競争力をつけるための保険料として塾の費用を支払い続ける。塾に支払う授業料は、家庭の教育支出費用のかなりの部分を占めている。

全体的に見て、大学と高校と塾は、旧態依然とした英語教育を存続させ、実用的な英語教育への変化を阻む強大な構造的・財政的停滞要因を築いている。こういった状況のもとでは、教師を咎めることや、教員の再訓練だけでシステムを変えられると考えることは意味がない。

日本の教育における標準化と予測可能性を育てた文部科学省が、こういった特質そのものによって革新への試みを阻まれていることは皮肉と言えるだろう。教員に現職教育を施すこと自体はよい取り組みだが、日本人の実用的な英語能力を向上させるという目標は、雇用慣行、職場における同僚や上司との関係、社会通念といった見えない障壁に、ことごとく阻止されている。このような障壁を取り除くのは、たとえ不可能ではないとしても、非常に時間がかかる。

4 ペースについてゆけない生徒の悲しき運命

マラソン選手は一斉に走り始める。最初に競技場のトラックを回るときには固まって走っているが、ランナーはその後、一人また一人と遅れだす。テレビの中継では、先頭集団の人数が徐々に減り、フィニッシュ地点近くになると、数名のランナーだけが走っている様子が映し出される。日本では、これに良く似たプロセスが英語の授業で生じている。期待に胸をふくらませた熱心な中学一年生は、一斉に英語を習い始める。それが六年間の間に、ほとんどがペースについてゆけなくなり、教師と教科書の進み具合についてゆけるのは、一握りの生徒になってしまう。けれども、テレビカメラがほとんどマラソンの先頭集団しか映し出さないように、教育におけるプランナーやマネージャーが注意を向けるのも、そんな一握りの生徒たちだけだ。

中間集団のマラソンランナーと同じように、並の程度の生徒は、自分がいる現状をよく理解している。六年間の耐久レースの間に、英語を学ぶ生徒たちは、英語の困難さと、それに取り組む自らの能力（あるいはその能力のなさ）について生涯残る印象をはぐくんでいく。ペースについてゆけなくなった生徒は、退屈し、不満を抱きがちで、ときには怒りさえ覚えるようになる。日本の中学と高校の英語教育には、決められた進度と硬直したカリキュラムを支える強力な力が存在する。多くの人々は、このようなカリキュラムが望ましいとは言わないまでも、必要不可欠なものだと信じている。けれども、私たちは、これとは異なる総合的なデザインが実行可能なのではないか、そしてそのほうがむしろコスト効率が良いのではないかと問う必要がある。次のセクションでは、あるケーススタディーを通して、私の意見を述べることにしよう。

5　ヤシンカさんの落胆

ここでヤシンカさん（野心家さん）と呼ぶ日本人の女性は、授業のペースについてゆけなかった生徒の典型例だ。ヤシンカさんが受けた学校教育は、当初は楽しいものだった。彼女が暮らしていたのは小さな町で、学校は家と近所のコミュニティーを延長した気さくな場所に感じられた。中学校で始まった英語の授業は、最初こそうまくいっていたものの、その後はなじめないものになったという。彼女の話は次のようなものだった。

それまで同じところで育ってきた私たちは、みんな一緒に中学校生活を楽しんでいました。中学校は、小学校とは違う形の付き合いを楽しめるから、いいところだと思っていました。英語を学ぶことも、世界への窓口を提供してくれ、多くの人々と交流できる力を与えてくれることになると、期待に胸をはずませていました。私が初めて英語に出会ったのは中学校の英語の授業で、十二歳のときです。最初のころ、英語はさほど難しくはありませんでした。たいていの場合は理解できたので、英語の勉強は楽しかったです。クラスの人数は四十人で、先生は全員の名前を覚えるのに苦労していました。とくに新しいクラスの生徒たちの名前はなかなか覚えられませんでした。でも、中学一年のときの英語の先生は私の兄を教えたことがあり、私のことを「妹」と呼んで、いつも兄のことを思い出させました。中学二年と三年のときは、また違う先生でした。この先生は若くて積極的で、授業はいつも面白く、興味を抱くことができました。

高校生になると、私たちは五つのクラスに編成されました。私は進学コースから一般コースに進路を変えました。女性は大学へは行かずに仕事につくべきだと父が考えたからです。私は当初、やる気を持って必修の英語の授業に臨み、成績も悪くはありませんでした。でも、教科書が難しく、厳しい講義要綱のペースについてゆけなくなり、一般コースのほかの生徒と同じように、授業が退屈に思えてきたのです。授業は、私たちが理解していなかったにもかかわらず、あらかじめ決められたペースで進んで行きました。

ある意味で、ヤシンカさんはラッキーだったと言えるだろう。中学校では、ずっと英語の成績が良かったからだ。多くの中学生は、二年生になったときには、すでに落ちこぼれる道を歩き始めている。ヤシンカさんは、ついてゆけなくなる前に充分な英語力を身につけていたので、英語への興味を失うことはなかった。現在三十代でまだ結婚しておらず、ある会社の正社員として仕事をしているヤシンカさんは、英語を趣味にしている。今まで、週に数回、夜間の英会話学校に通ったことがあり、英語を使って世界を知ること、とりわけ外国旅行も楽しんでいる。

言語は、理解ができ、自分にとって意味があり、楽しい環境で経験したときに、もっともよく身につく。ヤシンカさんの中学校には、こういった条件があった。けれども、高校では、このような条件と学習ペースは損なわれてしまった。彼女は英語が開いてくれたすばらしい世界に入るところだったのに、高校で「失楽園」に入ってしまったのだ。ヤシンカさんは努力家だったので、高校で冷たい経験を味わったあとも、ふたたび英語との良い関係を取り戻すことができた。だが、多くの生徒は、彼女のような強い意志を持たないことがほとんどだ。

6　組立工場型の教育

ヤシンカさんの高校は、教育に組立工場型のパターンを当てはめた例だ。文法事項と語彙に基づく全国的に組織された授業が展開され、それが難度の深まるテストによって検証されてゆくと聞くと、なんら問題はないように聞こえる。実際、そういったパターンに対して、生徒が一様に適しているならば、何も問題は生じないはずだ。けれども日本では、このパターンがあらゆる生徒に当てはめられる。成熟しているかいないか、すぐに理解できるかできないか、やる気があるかないか、どのような学習スタイルを持っているか、などということは一切おかまいなしだ。

多くの生徒は、この組立工場型のパターンになじめない。ヤシンカさんもそうだった。ペースについていてゆけなくなるのだ。けれども、いったん落ちこぼれると、ほとんどの場合は二度と追いつくことができない。そして、英語の授業が退屈に思えてきて、多くの生徒が、英語は自尊心を失わせるものだと感じ始める。よくあるのは、自分の失敗を、英語は自分にとって何の役にも立たないからとか、日本人なのだから英語など必要ないなどと言って正当化してしまうことだ。

組立工場型のパターンが存続する理由は三つある。第一に、このパターンは、学校運営者や政府の役人が腐心している秩序の維持という概念に合致しているという事実がある。第二は、大勢の生徒をコントロールして処理するうえで、もっともコスト効率の良い方法であるのだ。第三に、教育とはエリートのためのもので、教育者の仕事は、エリートに機会を与えるために価値のない者を振り分けることにある、という古くからの信念に合致しているためだ。この三つの理由が組み合わさって、私たちが日々目にしている慣行化されたパターンが生み出されている。

G　英語教育をまどわせる公然の秘密

日本の中学校と高校では、英語の授業はふつう、生徒の知識やニーズに基づいたペースではなく、教科書に基づいてあらかじめ決められたペースで進められる。これでは教育とは言えず、かえって生徒の利益を損ねてしまう。ほとんどの生徒にとっては、拷問のように感じられることだろう。組立工場型の教育は、誘拐事件や政治家の汚職事件のようにニュースのヘッドラインを飾ることはない。組立工場型の教育は、社会学者が「知識社会学」と呼ぶ分野に属す問題だ。これは平たく言うと、人々が知っていること、あるいは知っていると思っていること、また、どういった人々が何を知っているかについて研究する学問である。

そのため、組立工場型の教育について有益な議論を進めるには、まず、皆が信じている思い込みと公然の秘密を具体的に提示したほうがいいだろう。そうすれば、その正体を見極め、何らかの改善策を導くことができるかもしれない。

1　タダシイさんの説明

私はタダシイさんに、組立型の教育は、こんなに大きな問題なのに、なぜほとんど不満の声が聞かれないのかと尋ねた。彼女はこう答えた。「組立工場型の教育の問題は、日本の英語教師の二面性を浮かび上がらせています。ひとつの面は外面《そとづら》で、もうひとつの面が本音の姿です。日本における英語教育の問題を同僚と話し合うと、多くの教師が、あらゆる生徒が英語を使う喜びを感じられるように英語教育を変えなければならないという意見や『学問としての英語』を学ばせる圧力を取り除かなければならないという意見に同意します。

けれども、改革が必要だということにいったん頷いたあとは、『きょうの話はとても有意義だったよ。でも、生徒には入試があるから、変えるのは不可能だね』などと結論付けることがほとんどなのです。進歩的な意見は、面目を保ち、『良い』教師に見えるようにするためのものので、この結論こそ、彼らの本当の姿なのです」

「本当のことを言うと、こういった教師たちには、文法訳読しか教えるすべがないのです。念頭にあるのは、生徒たちの幸福ではなく自分の身を守ることだけです。こういった教師たちは、生徒たちがペースについてゆけないため、授業が理解できずに落ちこぼれてゆくという問題を避けようとします。このような問題を直視しようとしたら批判されることがわかっているからです。すべての生徒にとって英語を使うことが楽しくなるように常に努力を重ねている一握りの教師もいることはいます。でも、そのようなクリエイティブな教師はふつう、とるに足らない者だとみなされ、出る杭は打たれるという諺どおり、意思をくじかれてしまうのです」

タダシイさんは、学校運営側を批判しがちだ。これは、彼女にとっては、彼らこそが目の前にいる邪悪な者たちだからだ。だが私は、学校運営側がこの問題の張本人だとは思わない。本当の張本人とは、広く行き渡っている思い込みだ。何かが不可能だという思い込みは、たとえ教師であっても、学校運営者であっても、行政側であっても、抱いてしまうことが避けられない。「そうなんだ。残念だが、どうしようもない」という型にはまった考え方から抜け出すことができないのだ。

2　公然の秘密

人は、何かの代替案が思いつかないと、喜んで公然の秘密に加担する。何かが間違っていると感じていても、無理やりそれをさせられていると思ったら、人はそのことについて公の場では口をつぐむ。けれども、仕事が終わり、ビールや焼酎が入ると、本心を話す口がゆるむ。日本人の間では「公然の秘密」が高度に常習化している。

どのような社会であっても、社会的機関というものは時間が経つと形骸化する。このパターンは、あらゆる学校システムを襲うもので、日本に限ったことではない。けれども日本は、これに加えて、権威主義や中央集権という伝統にも苛まれている。そのため、厄介な事実は隠ぺいされてしまう。つまり公然の秘密になるのだ。組立工場型の教育には、相互に補完しあういくつかの公然の秘密が関わっている。

＜公然の秘密その1＞　日本の教育はあらゆる生徒に適したものではない。日本の教育は本質的に、難度が高くペースの速い学習カリキュラムをうまくこなしてきた文部科学省の役人たちが自分たちのイメージに沿って描いた一本道の教育である。日本には他のタイプの人々もいるとしたら（もちろん、いるにきまっているが）、現行の典型的なカリキュラムは、こういった人々のニーズや興味には適さないはずだ。

日本では毎年、小学校と中学校の約一・二％にあたる生徒が不登校に陥っている。この問題に対して文部科学省は、学校システムに歩調を合わせることができない脱落者には、カウンセリングが必要だという。だが文部科学省は、脱落者に歩調を合わせることができない学校システムにも、カウンセリングが必要だとは思わないのだろうか。

ドロップアウトした生徒のすべてが愚かな落伍者というわけではない。こういった生徒のほとんどは、学校が彼らのニーズを満たしていないから登校を拒否しているのだ。中には、産業界で成功する者もいるし（革新的な事業を興す者もいる）、スポーツや芸術やパフォーミングアートの世界や、学校の知識の及ばない他のさまざまな分野で活躍する者もいる。また、最初から、大学教育を必要としない職業に就くことを望んでいる者もいる。

生徒は、たとえ授業に熱意を示さないとしても、すべてに対して活力を失っているわけではない。生徒は読むことが大好きだ。けれども、彼らが読みたいと思うものは、公的な学校のカリキュラムに沿ったものではないことが多い。マンガなどを教室にこっそり持ちこんでは、夢中で読みふける。絵も描く。作文さえするが、その内容は、ほとんどの場合、仲間うちで通じることだけだ。私は教師として、こういった生徒たちのエネルギーを学習に向けられたらどんなにいいかと思う。だが残念なことに、生徒たちは教師というものは信頼が置けない存在だと学んできているので、もし教師が関心を示したりしたら、それこそ「死の接吻」となり、興味をなくしてしまうだろう。

＜公然の秘密その２＞ 成績に関係なく誰でも卒業できる。生徒たちが実質的な落第の可能性に直面するのは、大学入試に臨むときだけだ。それ以前は、たとえどれほどその学年で学ぶべき知識を身につけていなくとも、生徒は進級してゆく。誰でも卒業できるという公然の秘密は生徒もよく知っており、取り返しがつかないほど授業に遅れてしまった者にとっては、唯一の希望になる。

「誰もが卒業できる」という慣行が行われる理由はたくさんある。中でも最も重要なふたつの理由は、落第させて生徒を辱めたくないという思いと、その学年で最低身につけるべき内容を定義しテストするための努力を払いたくないという思いだ。

＜公然の秘密その３＞ 教科書を勉強しても、英語能力を測る国際的なテストで好得点を得るための流暢さは育たない。実際、暗記学習では総合的な流暢さは育たないし、暗記学習をいくら増やしたところで、徒労に終わる。

この公然の秘密にまつわる問題は、暗記学習の代わりとなる学習方法が広く理解されていないことだ。日本人の英語教師がやっていること——たとえ優秀な教師がやっていることであっても——は、軽んじられる。学問的な威信がないからだ。講義によって教えられるものに比較して、実用的な学習の地位は、まるでお尻を拭く練習や、靴ひもを結ぶ練習よりちょっとましだというくらいのものだ。そのため、コミュニケーションを目的とした英語や使える英語を促進しようという議論は、あまり学術的ではないという非難にさらされる。とりわけ、ほとんどの教育者は、言語学習プロセスのほとんどが、ちょうどピアノを弾くように、高度で、ほぼ自動的なスキルをマスターするプロセスであるということを理解していないように思える。その根底にある思い込みは、語学学習とは明示的かつ講義可能なもので、そうでなければ、教える価値などない、というものだ。

＜公然の秘密その４＞　教師はあまりにも忙しくて授業がおろそかにならざるをえない。また、どう改善すればよいかも実はわかっている。新任教師は、ほどなくして、実際の授業の優先順位は低いということを知る。それよりも、秩序を維持し、同僚教員とうまくやり、無限に背負わされる授業以外の責務を果たすほうが喫緊の課題なのだ。

タダシイさんが言ったように、教師たちは、地獄の大学入試に直面している生徒には、定石通りに教えることが必要だという言い訳をする。だが、これは詭弁だ。というのは、試験で高得点を得る手段は、型どおりの学習をすることではなく、むしろ流暢さを身につけることだからだ。最近では、センター試験に先導されて、大学入試で文法の要点が出題されることは少なくなり、コミュニケーション能力がより試されるようになってきている。

試験の専門家は、試験に出題される内容が、その試験の準備のための学習内容を導くことになるという「波及効果《ウォッシュバック》」を期待する。だが残念なことに英語教育では、コミュニケーション能力を重視した試験の波及効果は、中高の学校の授業にはほとんど現れていない。なぜなら、定石通りに教えることは、都合がいいだけでなく、時間も節約できるからだ。文法訳読中心の試験という恐れが現実には存在しなくなるとしても、教師は、時間のなさや自らの欠点を補うために、その恐れを無理やり作りだすことだろう。

3　組立工場型の教育に代わるもの

中学校と高校の学校運営者や教員は、組立工場型の教育についてはよくわかっている。それどころか、わかりすぎていると言ってもいい。ほとんどの者は組立工場型教育を、税金のように現代社会には欠かせない必要悪だとして受け入れている。また、平等な機会を与えるものだと正当化する者もいる。けれども、組立工場型教育はほんとうに必要悪なのだろうか？　いや、違う。それに代わるものがあるのだ。

まず、学校運営者や教員は、言語学習は他の教科と違って、内容を暗記することだけでは身に付かないことを理解すべきだ。言語学習とは、ちょうど泳ぎを覚えるように、ほぼ自動的に処理されるプロセスを習得することだ。そのためほとんどの生徒にとっては、言語能力を意識的知識であるかのように捉えて構成した授業は効果が薄い。

次に、学校は、英語の授業が退屈であるという非難に真剣に耳を傾けるべきだ。こういった非難は、必ずしも根拠のないものだとは限らない。ある種の授業を受けているある種の生徒にとっては、真実なのだ。授業が退屈だと生徒が言うとき、その生徒が伝えているのは、学習素材や学習方法に適応できていないということである。この場合の解決策は、生徒に合わせて、退屈でない授業をすることだ。それにはおそらく、教科書を変えたり、異なる指導法を使ったりすることが必要になるだろう。大々的な変化が必要なわけではない。何千という訓練を受けた日本のプロの英語教員が知っている多くのアプローチのひとつを使えばいい。

第三に必要なのは、文法中心の授業をやめる闘いを続けることだ。現行の試験体制は、組立工場型教育を支える最大の保守勢力として非難されるべきものである。すでにこのことを理解している人々や一部の大学は、意思を疎通させる能力に基づいて英語の能力を測っている。つまり、筆記試験によるのではなく、たとえば面接やエッセイを課すことによって英語力を測っているのだ。

日本の組立工場型の教育システムが作り出すのは、失敗例がほとんどだ。もしこれほど生産性の低い工場が実際にあったとしたら、とっくに破産していることだろう。ところが現実にはこういった教育システムが破産に至るようなことはなく、一般的に日本における英語のレベルは低いとみなされる結果をもたらし、英語に対する国民的な劣等感を生み出すに至っている。ヤシンカさんは、英語の授業に落胆してしまってから、十年間も英語に戻ることはなかった。もちろん彼女は、英語の教育体制を批判することなど夢にも思わず、失敗は自分のほうにあると感じたことだろう。けれども、もしどこかほかの国だったら、ヤシンカさんほどの大きな好奇心と高い学習意欲を持った人なら、組立工場型の学習に適応できなかった不適格者として烙印を押されるどころか、その姿勢が評価されて、他の人の手本とされるかもしれない。

学校教育の目的は、難しいカリキュラムをこなせる一握りの生徒を選び出し、そういった生徒に将来の成功の道をつけることにあるのだろうか？　そうだと言う人もいるかもしれない。けれども他の人たち——私もそのひとりだ——は、学校教育とは、すべての生徒から最高の力を引き出し、できる限りのことを学ぶよう励ますことによって、その生徒のみならず、彼らが暮らす社会に貢献することにあると考えるだろう。

ここでは、現在の非効率的な英語教育の状況を温存している思い込みと公然の秘密について概略を述べた。長期的な改善には資金や教員の再訓練以上のものが必要だ。すなわち、信念を変えることが必要なのである。

＊＊＊

本書の第一部は、かなり陰鬱な印象を与えてしまったかもしれない。ある読者はこれを読んで「重い《ヘビー》」と印象を述べた。私が意図したのは、日本の学校において英語教育を受けている生徒と教えている教師の現実を伝えることだ。現状に満足している人はほとんどいない。生徒や教師たちから、保護者、学校運営者、役人に至るまで、みな居心地の悪い思いをしているか、心の底で反感を抱いている。

こういった問題の多くは日本独自のものではなく、万人に対する教育を施し、厳しい予算という制約を抱えたあらゆる教育システムに共通するものだ。それと同時に、問題の多くは、ふつうの人間に宿る能力、大志、弱さの予測可能な結果でもある。

そのため私は、本書を執筆した動機が「日本たたき《ジャパン・バッシング》」にあると読者の方に誤解されないことを切に願っている。私は役に立ちたい。だからこそ、現状を包み隠さず捉えることから始めたいと考えたのだ。もちろん、そこには問題だけでなく、良いことも多々あるし、改善の余地もたくさんある。背景について述べ終わった今、次の部からは、さらに伸ばすべき長所や、実現可能な事柄について述べることにしよう。

第二部　改善の手がかりとしての新しいアイデア

第二部では、子供の頭脳の発達に関する背景情報と、英語教育の現状を変えるヒントになりうる考えについて述べたい。そのすべてが容易に実行に移せるものであるとは限らないが、その中のいくつかでも、読者の方々が新たな考えを抱くための材料になれば幸いである。

こういったアイデアは、新たな考え方を探るために既知の事実の周辺を常にパトロールするという日々の試みから生まれた。その必然的な帰結は、少なくとも私の場合、秩序立ったものというより、ピカレスク小説のやみくもな冒険のようなものになる。実行できるかもしれない知識の倉庫に新たな知識を積み上げたくてたまらない思いにかられ、私はいつも、こういったパトロールからわくわくして立ち戻る。願わくは読者の方々も、これから述べるアイデアに新たな可能性があることを感じ取り、そのいくつかのものに胸を躍らせてもらいたい。まずは、子供たちがどのようにして言語を身につけるかについて、おさらいすることから始めよう。

A　乳幼児の言語習得

ここ数十年の間に、人間における言語の発達、とりわけ出生時から就学適齢期（六歳ごろ）までにおける言語の発達に関して、数多くの新事実が明らかになった。幼い子供に対する語学教育の方針を定め決定を下すにあたっては、現在判明している一般的な事項を理解しておくことが有益だろう。本セクションの目的は、私たちがみな直面する選択に際して最も関わりを持つ事項をまとめて示すことにある。

本セクションで検討するのは、次の四つのトピックだ。（1）出生前における言語能力の発達、（2）出生時から小学校一年生までの時期における言語と一般能力の相互発達、（3）すでに覚えた言葉を新しい言葉で置き換えるという、子供における基本的な言語習得プロセス、（4）言語習得の「臨界期」に関して現在判明していること。

1　言語の習得は子宮の中で始まる

妊娠している女性なら、お腹の中の赤ちゃんが外の状況に反応することはよくご存じだろう。とくに最後の三か月には、赤ちゃんの反応はいっそう顕著になる。言葉を学ぶことは、まだ生まれていない赤ちゃんがスペアタイムにやることのひとつなのではないかと、うすうす感づいている母親も多い。本セクションでは、母親の胎内にいる赤ちゃんが、どのようにして言語を学ぶのか、そして実際に何を身につけるのかについて考察する*一。そのあと、出生前の言語習得を促進するヒントと、これから親になる方へのアドバイスを提供したい。

人間の聴覚器官と発声器官は歩調を合わせて発達するわけではない。耳の精緻な部分と、それを構成する神経は、赤ちゃんが生まれる三か月ほど前に完成して機能し始める。一方、発声

＊一　このテーマに関するより詳細な情報については、一九八八年の拙論 “Prenatal Language Learning.” Journal of Prenatal and Perinatal Psychology and Health, 13 (2), 99-121 を参照されたい。

器官は、出生後数か月経たないと正確な音を作り出すことはできない。とはいえ、聴覚器官がまず先に発達することは、無駄にはならない。

出生前の赤ちゃんの言語習得に関する研究は、今から三十年ほど前から本格的に行われるようになり、ここ十五年ほどは、とくに活発に行われるようになった。ヒツジにおける研究、そして最近ではヒトにおける研究によって、子宮内の赤ちゃんは母親の声を非常によく聞き取ることができること、また、近くにいる母親以外の人の声もかなり明瞭に聞き取れることが判明している。

新生児にできることと、その好みについて調べた研究がある。その結果、新生児は母親の声を、それ以外の人の声より好むことがわかった。新生児はまた、母親が話す言語を他の言語より好む。さらには、母親の子宮内にいたときに母親に読んで聞かせてもらった物語や詩を、他のものに比して好んでいた。

この結果が示唆しているのは、赤ちゃんは生まれてきたとき、すでに母親が話す言語の速習コースを修了していて、その言語に適応した神経回路――膨大なシナプス――を作り上げているということだ。つまり、生まれ落ちた時、赤ちゃんの神経系は、母親の言語のリズム、イントネーション、ストレス、語句の分割、声の質などを聞き取るのにとくに適したものになっているのだ。ことさら重要なのは、パターンとしか認識されていなかったものが、構文に発達することだ――すなわち、文内の長いリズムや、離れた位置にある屈折語の一致*一などが認識

＊一 〔訳注〕 たとえば性や数や格によって語形が変化すること

されるようになる。けれども言語とは音だけで成り立つものではなく、文脈を伴うものだ。文脈の学習は、出生前の言語習得の研究の中で最も実証するのがむずかしい局面である。とはいえ、赤ちゃんは生まれる前、母親の精神状態（ストレスを受けている状態、リラックスしている状態、睡眠状態、覚醒状態、有酸素運動、怒りなど）を感じ取るらしい。赤ちゃんは、母親の言葉の声調やストレス、速さ、リズム、声の質などが変化するのにしたがい、情緒的な文脈と母親の言葉を組み合わせて感じ取る。これこそ、人間の言語処理を特徴づけている、音と意味の緊密な結びつきの第一歩だ。

お腹の中にいる赤ちゃんが母親の言語に適した神経組織を築き始めるとはいえ、この発達は出生時に完了するわけではない。新生児は、依然としてどのような人間の言語も容易に身につけることができる。けれども母親が使っている言語の習得については、すでに助走をつけてきているわけだ。

生まれる前に聞いていなかった言語は、どの程度まで習得できるのだろう？　その答えは、ネイティブスピーカーとみなされるレベルにまでその言語を習得することは可能だが、母語ほど深く根ざしたものになることはなく、非標準的な音韻パターンといった癖が生じる場合もある、というものだ。

一方、生まれる前に言語トレーニングを全く受けてこなかった赤ちゃんは、どんな能力を欠くことになるのだろう？　その証拠の一つは、口の不自由な母親から生まれた赤ちゃんの例から導かれる。こういった赤ちゃんは、生まれたときに正常な泣き方をしない。H・M・トゥルービーとJ・リンドは、「口の不自由な母親から生まれた赤ちゃんは、まったく泣かないか、おかしな泣き方をする。まるで、子宮の中にいるときにスピーチレッスンを授からなかったかのようだ」と言っている[＊1]。泣き声さえ、音韻パターンに影響されるのだ！

〝出生前学習〟のもうひとつの結果は、母語を聞き取る能力が備わることだ。母語が日本語の場合、あなたは常に日本語がことさら明瞭に聞き取れるようになる。たとえ世界のどこに出かけようと、どれほど多くの言語を身につけようと、日本語を耳にするときは、混雑した地下鉄の中でひそひそ話された言葉であっても、とりわけはっきり聞こえるはずだ。

もちろん、第一言語の学習は出生後も続く。神経の発達は出生時から十代にかけて緩やかになってゆくが、人は生涯にわたって、語彙を増やし、音や形の流行の変化を身につけていく。それでも、出生前に築かれた土台は、その人の言語処理の基本パターンを形作るものとなる。

生まれてから乳児がいとも楽々と言葉を身につけていくことは驚くべき事実だ。一部の学者は、この事実こそ、文法規則が生まれつき備わったもので、本能的なものである証拠だと主張する。けれども、もうひとつの解釈、つまり言語の習得は子宮の中で始まるということを考慮すれば、文法が生得の規則であるという仮定は不要になる。それより規則である可能性が高いのは、出生前から身につけ始めた音韻パターンが、神経活動の基本的なパターンになるという

＊1 "Cry sounds of the newborn infant" (1965). Acta Paediatrica Scandinavica, Suppl.163. 私はこの論文の引用を、D. B. Chamberlainが一九八七年に出版した次の論文の中に見つけた。"Consciousness at birth: The range of empirical evidence." この論文は、T. R. Verny (Ed.), Pre- and perinatal psychology: An introduction (pp.69-90). New York: Human Sciences Press に収録されている。

ことだ。

a　教育方針を立てる際に

政策立案者や教育に携わる者は、出生前の言語習得に関する研究から導かれた根本的な結論に注意を払うべきである。この結論とは、すなわち、言語の本質に関する理論は今や大きく見直されており、言語の学習は就学適齢期よりはるか前から始まっているということだ。

日本には、小学生のころから外国語を教えると、母語である日本語の能力が損なわれるのではないかと懸念する声がある。けれども、教育者や役人が、言語習得は影響をこうむりやすい知的プロセスだとみなしているとしたら、彼らは完全に考え違いをおかしている。言語習得のプロセスは深く緩慢で、ほとんどの場合、意識下で行われる――知的なプロセスや、影響をこうむりやすいものといったものでは全くない。生まれる前に赤ちゃんの神経回路に埋め込まれる部分の言語は、他の言語によって阻害されたり置き換えられたりするようなものではないのだ。

自転車の乗り方を覚えると歩行能力が阻害されてしまうのではないかと心配する人はいないだろう。これと同じように、第二言語を学ぶことが、その人の母語の発達を阻害するという心配は無用だ。

第一言語がどれほど深く定着するものであるかを考えると、第二言語の習得の難しさが浮き彫りになる。言語習得とは、意味と音を自動的に結び付けることができる、統合化された神経回路を築くことだ。この作業をやり遂げるには、意味のある状況で数多くの練習を積むことが必要になる。反面、語彙と文法を明示的に暗記する必要性は、従来考えられていたものより低い。若い脳の学習速度を考えれば、第二言語の学習は、出産前とはいわずとも、できるだけ早く始めることが望ましい。年齢が上がるにつれ、同じ効果を上げるのに必要な時間と労力は増してゆくからだ。

b　親になる方へのアドバイス

このように、出生前の言語習得の影響は無視できない。これから親になる読者の方々は、生まれてくる赤ちゃんの言語習得を助けるために何をしたらよいのだろうと、差し迫った疑問を抱かれることだろう。この疑問に対する手短なアドバイスは、たとえどんな状況下や、どんな言語の場合でも、できるかぎり自然にふるまったほうがいいということだ。

あなたは赤ちゃんに、あらゆる経験を伝えているのだということを忘れないようにしてほしい。お腹の中の赤ちゃんは、あなたが座って、本を読んであげたり、音楽を聞かせてあげたりするとき以外にも注意を払い続けている。いわば、あなたの一日の行動すべてにつき従う〝サイレント・パートナー〟なのだ。穏やかに話す、笑う、叫ぶ、泣く、喜ぶ、顔をゆがめて耐え忍ぶ、などといったことは、みな人間が毎日経験することだ。赤ちゃんには、そのどの経験も欠いてほしくはないだろうし、その時々において、あなたがどのような声を出すかを知らないまま生まれてきてほしくはないだろう。

ただし、赤ちゃんのために、話し方を単純化するのはやめよう。というのは、何を単純化したらよいのかは、誰にもわからないからだ。言語の音声というものは、母音と子音からのみ成り立っているわけではなく、トーン（声調）、長さ、声の質、音の強弱（ストレス）、沈黙、などの要素があり、それらは、感情やムードや意味の流れのなかで同時に生じている。もし単純な話し方をしたら、意味のある全体像を赤ちゃんに示せないことになる。だからどうかリラックスして、複雑であってもそのまま、通常のスピードで、自然に生じるままに赤ちゃんに聞かせてほしい。こうすることにより赤ちゃんは、言語の習得という冒険に出かけるにあたって幸先のよいスタートを切ることができるだろう。

2　六歳までの言語習得

出生時からおよそ六歳までの時期はハイスピードで言語を習得してゆく段階で、子供は世界観と言語の両方について知識を一気に増やす。この時期の終わり（およそ六歳）までに、言語と身の回りの世界に関する見方は相互にまじわって脳に定着する。この時点で、子供は就学にふさわしい年齢に達したものとみなされる。

この時期の子供たちは言葉を〝言語〟という存在としてはとらえていない。というよりも、言語について考えることなど、まずしない。言葉を使うということは、単に、他の人とコミュニケーションをとる行動の一部にすぎないのだ。当初子供は、自分がどういった文化に生まれてきたのかを認識していない。けれども六歳の時点では、自分の文化と、その文化で求められる行動についてかなり理解するようになる。たとえば、六歳の子供は、小指をからませて〝指きりげんまん〟をすることによって約束を交わすことを知っているし、努力が求められることをしようとしている人には、〝がんばって!〟(英語では"Good luck!")と声をかける。子供たちは言語を日々の行動の一局面として認識しているのだ。

脳の活動の面について言えば、言語は右脳と左脳の両方の半球で処理される。言語をつかさどるのは、音と構造の処理に特化している左脳だとよく言われるが、言語は音と構造だけで成り立っているわけではない。微妙な意味や、感情や、声の調子、さらには沈黙までさえ理解しなければ言語を理解しているとは言えず、こういった局面の処理には、右脳も大きく関わっている。このような解釈における情報がなければ、人は言語をコンピュータのように、感情も実際的な理解も伴わず処理することになってしまう。

以前、新聞の連載漫画『カルビンとホッブス*一』に、母親に声をかけられた六歳のカルビンが、隠れて応えずにいる漫画が掲載された。友だちのホッブスに「返事しなくていいの?」と訊ねられたカルビンは、こう答えた。「まだいいよ。ママはぼくたちを見てないから、ぼくたちがママの声を聞き取ったかどうかはわからない。ママの声の調子を聞いて、怒って探しにきそうになったら、返事すればいいよ」

カルビンの明察は、子供たちが学んでいるのは言語の機械的手続きだけでなく、いつ、どの

＊一　ビル・ワターソン(Bill Watterson)作の『カルビンとホッブス』("Calvin and Hobbes")は、Universal Press Syndicate を通じて世界中の新聞に配給された人気新聞連載漫画。ここで引用したのは二〇〇三年六月十五日に掲載されたもの。六歳の主人公カルビンの世界観は、発達心理学者や語学指導の専門家にとって示唆をもたらしてくれることがよくある。

ように、なぜ意思を伝達するのか、そしてそれについてどう感じるべきなのかということまでが含まれる事実を思い起こさせてくれる。六歳未満の子供たちにとって言語の習得は、ほぼ完全に、こういった脳の両半球を使う全体的《ホリスティック》なアプローチによって行われる。単語や構文を明示的な知識として教えることもできるが、そのような努力を払ってもほとんど実を結ばないのがふつうだ。

a　異なる言語の使い分け

言語に対してこのようなホリスティックなアプローチをとるために、子供たちはシチュエーションに応じて対応を変える。たとえシチュエーションが異なる言語を伴うものであっても、これは変わらない。私の学生に、アンという名の姪に大きな関心を寄せているオランダ人女性がいる。アンは二歳半になるまで、父親とはオランダ語で、母親とは英語で話していた。そのあと一家は、アフリカのニジェール共和国に移った。ニジェールの公用語はフランス語だが、現地の村にはまた独自の言語がある。アンは三歳半になったとき、両親の長期休暇でオランダに行き、おばに当たる私の学生とその家族のもとで過ごした。私の学生は、アンが自分と話すとき、決してオランダ語以外の言語を使わなかったことに驚き、小さな頭の中に四つの言語が駆け巡っている姪が、どうやって常にオランダ語を選ぶことができたのか不思議に思った。

なぜアンが彼女のおばに、いくつかある言語の中から一つを選んでその言葉を話し続けられたのか、という問いへの答えは、彼女がメンタルな資源をどのようにして目の前のシチュエーションに集中させるのかを考えてみるとわかりやすいだろう。わたしたちは、たとえば子猫や蚊や人間に対してそれぞれ異なる話し方をするように、個々の人に話しかける方法を心の中で決め、相手に合わせて言葉も変えている。その際、異なる脳の部位を使うわけではなく、ほとんどの場合は同じ部位を使う。ただし、共振方法を変えているのだ。もうひとつの例として、なぜピアノで同じソナタをイ単調やホ単調で弾けるのかを考えてみるといい。そういったことができるのは、資源――ほとんどの場合同じ資源――を異なる方法で使っているからだ。ピアノで完全な作品をさまざまな調で弾くことができるように、脳も多くの同じ資源を使うことによって、さまざまな言語ネットワークを起動することができるのだ。

何年も前のことだが、私は、ある高貴な生まれのイギリス人男性の話を読んだ（残念ながら、この人物の名は失念してしまった。ご存じの方がいたら、ご教示いただけるとありがたい）。息子を多くの言語に通じるように育てたかった彼の両親は、一家のメンバーがそれぞれ異なる言語で彼に話しかけるという手段をとった。私が覚えている限り、母親はドイツ語、父親はラテン語、乳母は英語、コックはフランス語、メイドはスペイン語を使ったという。自分の人生で出会う人ごとに違う言葉を使わなくてもいいとわかったのは三歳を過ぎてからだった、と彼は後に書いたということだ。

b　完璧ではない発音を子供に聞かせることについて

完璧ではない種類の発音を聞かされることは、子供にとって不利益になるのだろうか？　ある日本人の母親が、ふたりのわが子に英語で話しかけてもよいかどうかと私に質問を寄せてきた。英語の発音が日本的なので、子供たちに英語で話しかけたら、悪い発音を身につけさせてしまうのではないか心配だという。私は、たとえ標準的な英語のどれにも属さない発音だったとしても、子供たちに英語で話しかけることは有益だと信じている。完璧でない発音でも、子供たちは依然として多大な恩恵を授かることになるからだ。私がそう信じる理由は、次の四点である。

まず、最大の恩恵は、第二言語の存在によって、幼い子供たちに二つの言語を使い分ける必要性が生じることだ。モノリンガル*一の子供たちは、成長するにつれ、他言語への切り替えがますます困難になる。一方、バイリンガルの子供たちの脳はそれより敏捷だ。彼らは他の言語への切り替えがすばやいだけでなく、第二言語とともに、認知機能（ＩＱ）と創造力も育んでいるように見受けられる。

二番目の理由は、どのような言語であっても、その大方の部分は、発音とは関係がないという事実だ。英語の場合は、語順、ボキャブラリー、一般的な文のイントネーションが非常に重要である。したがって、変則的な発音が、このような全体的なパターンを損なうようなことはほとんどない。英語による弁舌の巧みさと能弁さが世界的に知られている人のなかにも、非標準的な発音で話す人がいる。

第三の理由は、発音は変えることが可能で、しかも意識的に変えられることにある。アメリカに移住してきた人の子供たちは、たとえ親が外国語なまりを持ち続けても、自分たちは、なまりのない英語を話す。発音が気になりだす十代の時期は真似をすることに長ける時期でもあ

＊一　〔訳注〕　バイリンガルやマルチリンガルに比して、ひとつの言語しか話さない人

る。そしてもちろん、〝良い発音〟とは、あこがれの人々の話し方を真似ることだ。さらに親がわが子のためにもたらす明瞭な発音の音楽や映画や物語などにより、子供の発音は幼いころから良い影響を受けることになる。

第四の理由は、幼い子供たちは、自分が話す言葉や発音の誤りによく気が付くということだ。子供たちは、できるかぎり迅速に赤ちゃん言葉を大人の言葉と置き換えようとする。自分の発音を直す必要性にも敏感だ。私の娘、奈美が六歳だったとき、いつもは冗談が好きな彼女も、言葉を正しく発音することについては大真面目になった。

以上のような理由で、お子さんに英語で話しかけることの利点は、発音が完璧でないことにまつわるどのような問題をもはるかに凌ぐと私は信じている。

日本人の両親は、子供にどれぐらい英語を与えるべきだろうか？　フィフティ・フィフティ？いや、そう考えるのは誤りだ。言語というものは、インプットに比例して身につくものではないからだ。言語が身につくのは、子供にとって、それがひとつの基本的なコミュニケーション方法となる機会が十分にあるときだ。もしかしたらそれは、日々の暮らしの十％にも満たないかもしれない。重要な基準は、子供が、第一言語に翻訳する作業を介することなく、第二言語を聞き取り、応えられるようになれるだけの量を用意することだ。

ときおり、子供を真のバイリンガルに育てるには、父親と母親が厳密にそれぞれ異なる言語を使って子供と話すことが必要だ、という〝ルール〟を耳にすることがある。これは、いわゆる〝グラモンのルール〟で、今から一世紀も前に、フランス人の音声学者、モーリス・グラモンが、友人のジュール・ロンジャに宛てた助言に基づいている*一。現在わかっていることに照らせば、このルールが重要であるとは思えない。言語とは、その時点における心の持ちようの一局面として生じるもので、シチュエーションに応じた独自の完全性とパターンがある。親たちは、ひとつの言語だけを話そうと無理しなくてもいい。子供たちには、それぞれの言語の精神をとらえて、ムードを迅速に切り替える能力があるのだから。

二言語併用主義《バイリンガリズム》と六歳未満の子供について、最後に一言。日本人の子供たちの頭脳はやわらかく影響を受けやすいから、日本語の能力と日本人としての文化的アイデンティティーが固まるまでは、完全かつ一貫したモノリンガルな状況で日本語だけを教えることが必要だ、という考えが広く信じられている。確かに、言語スキルの発達と固定化は生じる。けれども間違っているのは、日本語以外のあらゆる言語と文化的知識の習得を遅らせなければならないという考えだ。子供の頭脳には、二か国語以上の言語を同時に育む能力がある。しかも、そうすることが、日本語をも含めたすべての言語の習得にとって有益なのだ。

*一　ロンジャ（Ronjat）は、一九一三年に出版した著書で、我が子をバイリンガルに育てた過程を綴った。この記述は、Uriel Weinreich が一九五三年に出版した"Languages in contact: Findings and problems"（The Hague: Mouton）に引用されている（p.74）。グラモンのアドバイスは概念化しやすかったため長年にわたって信じられてきたが、この助言に厳密に従おうとして不必要に無理する親たちがあまりにも多いのも事実だ。

3　子供は言葉を追加ではなく置き換えによって習得する

幼い子供が言語を習得するときには、いったい何が起きているのだろう？　行動を起こす道をつけるには、この質問に答えを出さなければならない。子供の頭脳の働きをどう捉えるかは、政府の政策担当者だけでなく、親たちが下す判断にもかかわってくる。この推測を誤れば、導かれるのは不満足な結果だ。日本における英語の低迷が、まさにその例である。

言語の習得というものは、早期学習でよくない形式を学ぶと一生ひきずるダメージをこうむるほどデリケートな問題なのだろうか？　いや、そうではない。以降のセクションでは、子供がいかに言語を習得するかについて考察し、子供に言語を教える上でのいくつかのヒントを提案したい。

乳幼児には、意思を疎通させたいという本能があり、少しでも意思疎通の可能性があれば、ためらわずにそうしようとする。この本能は、世話をしてくれる人を愛し信じようとする本能と同じくらい強い。というより、意思を疎通させたいという本能自体が、世話をしてくれる人を愛したいという本能の一局面なのだ。その思いは、食物や暖かさへのニーズや、オオカミから身を守ることへのニーズなどと一緒に湧き上がってくるものだ。

乳幼児は、意思を疎通させる手段であれば、どんなものでも使おうとするし、話しかけられたら、ありとあらゆる言語で応えようとする。そしてすぐに、言語を区別することを学ぶ。もし使える言語が手話だけなら（たとえば、乳幼児本人あるいは両親の耳が不自由だった場合）、その子は手話を覚えて、手話のネイティブスピーカーになる。

見ることとあるいは聞くことができないという極端なケースでは、意思を疎通させたいという思いは暴力となって現れる。その顕著な例が、アメリカ人のヘレン・ケラー（一八八〇—一九六八）だ。彼女は視力と聴力を生後十九か月で失った。自伝[*一]のなかでケラーは、コミュニケーションを助けてくれる家庭教師が来るまで、自分はかんしゃくを起こして、家族を恐怖に陥れていたと書いている。「しばらくのち、何らかのコミュニケーション手段を手にする必要性はあまりにも切迫したものになったので、私はかんしゃくを毎日起こすようになった。ときには、毎時間ごとに爆発していた」と。

学習とは複雑なプロセスだ。言語がどのようにして頭脳に入り、どのようにして出てくるか考えてみてほしい。インプットの側では、学習はゆっくりとした知識の増加だ。あらゆる経験は、少なくとも少しは脳を変化させる。一方、アウトプットの側では、理解と正確さにおける緩慢な前進、そして語彙と構文における飛躍的な進歩、という二つのプロセスが目を引く。

＊一　Keller, Helen (1980). The story of my life. West Yorkshire, UK: Water Mill Press. ヘレン・ケラーは、この自伝をラドクリフ・カレッジの学生だった一九〇三年に書いた。彼女は同大学を、一九〇四年に卒業している。邦訳には、『わたしの生涯』（岩橋武夫訳、角川書店、一九六六年）および『奇跡の人ヘレン・ケラー自伝』（小倉慶郎訳、新潮社、二〇〇四年）がある。

a　既存の言葉をより良く、より新しい言葉で置き換える

子供は、すでに知っていることには拘泥しない。まるで自分のコミュニケーション方法を不完全なものであるとみなしていて、喜んで今までの習慣を手放して新しいものを取り込もうとするようにみえる。一方大人のほうは、知識が徐々に固定化するために、すでに築いた習慣を手放すのはそれほど簡単ではない。不完全な形式をより完全なものと置き換えることが容易にできないという、この大人の傾向は「化石化」と呼ばれることがある。

テルアビブ大学のエスター・ドロミ博士は、自分の娘カレンが赤ちゃんだったときに、第一言語であるヘブライ語を身につけていく様子を克明に記録した[*1]。カレンが一語文を話した期間は十か月半から十七か月半までで、この間、意図的な発話において、三三七語の独立した単語あるいは分析できない単語の組み合わせを口にした。一語文を話していた期間の終わりにかけて、カレンの言語習得では、多くの変化や置き換えが生じた。すなわち「それまで省略されていた音素の追加、子音または母音あるいはその両方の修正、それまで歪んでいた音素をより適切な音素で置き換えること、そして赤ちゃん言葉を通常の言葉に完全に置き換えること」といった変化である。

＊1　Dromi, Esther (1987). Early lexical development. Cambridge: Cambridge University Press. 通常、子供をバイリンガルの環境で育てている親たちは、子供の自発的な発話に強い関心を抱いている。子供が複数の言語を区別しだすことや、語彙が増えることに鋭敏に気付く親たちもいる。

ヴェルナー・レオポルド＊一（一八九六―一九八四）はおそらく、子供が成長していく過程で使う言葉について、世界で最も克明な日記をつけた人だろう。彼と妻は、娘ヒルデガードを英語とドイツ語のバイリンガルになるように育てていた。レオポルドは、「単語の死亡率」に関するデータを報告した。つまり、ヒルデガードが少なくとも一度は使った言葉（耳にした言葉を、すぐに使った場合が多い）であるが、「一歳の終わりまでには自発的な言葉の中に生き続けていなかったもの」に関するデータだ。二歳になるまでに、ヒルデガードは合計で三七七語を使用したが、そのうちの一三六語は、もはや使わなくなった「非永続語」だった。一般的に言って、特定の言葉を使わなくなった理由は二つある。その一つは、それが赤ちゃん言葉だったために、標準的な言葉に置き換えられたこと。もう一つは、ヒルデガードの話し相手がよく使う単語ではなかったためだ。

b　より良いものに置き換えることは生物学的な必要性

すでにある形式を、より良い形式に置き換えること（"trading up"）は、単に語彙にかかわらず、言語のあらゆる局面を発達させるために、子供にもともと備わっている方略だ。この方略を司

＊一　Leopold, Werner F. (1939). Speech development of a bilingual child: A linguist's record: Vol. 1. Vocabulary growth in the first two years. Evanston, IL: Northwestern University Press. 最終的に四巻の書物として出版されることになったレオポルドの観察は、今でも、子供をバイリンガルに育てている親たちの必読書になっている。

るのは、生理学的な変化と脳が働く仕組みである。

赤ちゃんの声の質と発音は、人生の最初の数年間に大きく変化する。生まれたとき、赤ちゃんの喉の長さは口腔の長さより短いため、「い〜」や「う〜」や「あ〜」といった音を発音することは、物理的に不可能だ（わが子はこういった音が発音できると自慢する親もいるかもしれないが）。人生の最初の五、六年間をかけて、咽頭（声帯の上かつ口より下にある共鳴箱）の長さは、口の長さと同じぐらいに発達する。

この器官が成熟するにつれ、子供は、声の質と、自分が話している言語のあらゆる音を生成するための精密な神経筋のコントロール能力を発達させる。多くの言語には、とりわけ発音するのが難しく、習得が遅くなる音がある。英語圏では、〝r〟の発音を〝w〟のように発音したり、〝s〟を〝th〟のように発音したりしてしまう子供たちがいる。もしこういった問題が小学生になるまで続くと、その子は、赤ちゃんのような話し方をするとして、からかわれることになるかもしれない。からかいやあざけりは、欠点を直そうとするための強力な動機となる。

文法形式や成句もまた、変化の道をたどる。言語学者の間でよく知られている例は、英語を第一言語とする子供たちが不規則動詞の時制変化を身につける方法だ。子供たちは、三段階でこの変化を覚えることが多い。たとえば、"go"（行く）という動詞の過去形の例では、子供たちはまず"I went"という形を覚える。次に、後戻りして、"I goed"という形を使うようになる。そして最後に、ふたたび"I went"に戻り、この形を恒久的に覚える。

言語学者は、二番目の変化も三番目の変化も、より良いものにしようとする変化だと結論付けている。最初の"I went"は、誰かが言ったことを単に真似しているだけで、より大きなパターンの一部としてとらえたものではない。一見、退行したように思える〝I goed〟は、実際には、規則変化動詞の過去形のパターンへの移行だ（go の場合は、不規則変化動詞であるために、結果としてこの例では誤ったものになる）。そして最後の変化は、不規則変化動詞を正しく変化させたものだ。

現在、カリフォルニア大学サンタクルス校の名誉教授である心理学者、バリー・マクローリン*一は、ある形式が他の形式に突然置き換わることを「再構築（restructuring）」と呼んだ。マクローリンは、脳が一連の攻撃目標を放棄して、他のものに移るときに、何が起きているのかを理解する必要があると指摘している。

ある形式から他の形式への移行は、観察する者には突然の変化に見えるかもしれないが、実際のところ、脳の中では新しい形式へのサポートが増大していて、それが閾値を超えると、この新たな形式が古い形式より支持されるようになると推測することができる。脳の働きをそのように説明するのが、「コネクショニズム」と呼ばれる神経心理学の新たな一派だ。それはあたかも、無数のニューロン結合が、ある状況に反応して、最良のパターンに〝投票〟するようなものだ。ときには、劣るパターンを却下するよう〝投票〟することもある。

一般的に、大人が覚えている赤ちゃん言葉は、ほんの一握りにすぎない。赤ちゃん言葉を失ったときの経験がトラウマになっていない限り、それらは形跡をとどめずに消失する。ごくわ

＊一　McLaughlin, Barry (1990). Restructuring. Applied Linguistics, 11, 113-128. マクローリンの論文は当時としては非常に独創的なものだった。良い疑問を問いかけることの一例である。

ずかだが、大人や友人たちに笑われることによって、自分が使っている赤ちゃん言葉が見つかってあざけりを受けたと子供が気付くことがある。このように、赤ちゃん言葉に関する記憶は、通常、笑われることによって使わなくなった瞬間に結びついている。

間違った形を覚えた子供が終生にわたってそのダメージをこうむり続けるという観念は、非科学的であり、好ましくない教育方針を助長してしまう。言語学習は、肌に入れ墨を施すように、パターンを一生不変に取り込むものではない。子供たちは、言語を置き換えによって学ぶ。既存の形式を、新しく、より良い形で置き換えることによって学んでいくのだ。

幼い子供たちは、起きているあいだじゅう、経験を脳内の神経パターンに組み込み続けているので、英語も日本語も、余裕をもって等しく満足に習得することができる。英語のせいで日本語が脳から追い出されてしまうのではないかと心配する必要はない。脳は、ある言語を丸ごと他の言語に置き換えて機能するわけではない。そうではなく、ある言語に共振し、そしてまた他の言語と共振することによって機能するのだ。置き換えは実際に生じる。だが、それはもっと低いレベルにおいてのことで、スキルが向上するにつれて、それぞれの言語内で生じるものだ。

あまりにも早期に英語を教えはじめることにより日本人の子供の日本語習得にダメージが及ぶのではないかと心配している親や教育者は、日本語と英語の置き換えが別々に生じるという事実を知れば安心できるかもしれない。両言語の置き換えは異なる〝波長〟において行われるのだ。その結果、いずれかの言語が他の言語に取って換わられることはない。この結論はまた、子供に問題のある英語を聞かせることで、その子の最終的な英語習得を損なうのではないかと心配する人をも安心させることになるはずだ。恒久的なダメージが及ぶことなどないのである。というのは、子供たちは、既存のものをより良いものに置き換える能力、そして自分たちが正しいと感じるパターンに注意を払う能力を、内在的に具えているからだ。

学校の教師たちが、生徒たちの悪い手本になることを心配する必要もない。あらゆることに完ぺきな教師など、そもそも存在しない。英語を教えることの一部は、英語能力を向上する責任を生徒自身が持てるよう支援することにある。生徒たちは、何よりも英語のさまざまな形式に注意を払い続け、自分にとって最も役に立つ形式の採用に努めることが必要だ。

4　臨界期の件はどうなったのか？

私は、あるコラムのなかで、もし〝臨界期〟が言語学習能力が急激に低下する時期を意味するものならば、子供が大人に育っていく間に臨界期というものは存在しないと書いた。そこにあるのは、出生から死ぬまでのあいだずっと続いてゆく能力の減少なのだと。この私の宣言は、何人かの読者をキーボードに向かわせることになり、「臨界期の件はいったいどうなったのか？」という質問がいくつも寄せられた。多くの人は、この用語を、ほとんどの大人が第二言語の習得に芳しい成果を得られない事実を説明するものとして捉えていた。本セクションでは、臨界期という観念は単純すぎるもので、人間の言語学習の事実にはそぐわないことを説明したい。

「臨界期」という用語は動物行動学の分野から借用した言葉で、ある種の鳥には生後まもなくの数日間、動くものを母親として見定める期間があるという事実に想起されたものだ。ハイイロガンの研究を行ったオーストリア人の動物行動学者、コンラート・ローレンツ*一（一九〇三—一九八九）は、自分がこの時期にガンの母親の役目を果たせば、ヒナは彼を母親と認めて、忠実に跡を追うという事実を発見した。ローレンツはこのヒナの行動を「刷り込み」と名付け、動物は、ある種の「臨界期」において環境的な刺激に反応するよう生物学的にプログラムされているという理論を提唱した。

ガンが母親を認識する数日間の生物学的プロセスは、それ自身は複雑なものであるとはいえ、人間の言語学習に援用するには単純すぎ、有益な比喩でもない。第一言語の習得は、少なくとも二十年間にわたり、さまざまな時期に生じる複雑な発達プロセスを伴うものだ。その影響は人によって異なる。そして、新しい言語を比較的満足のゆく程度にまで身につけられる大人はほんの一握りだ。

a　第一言語の習得

第一言語習得のプロセスは複雑で、母親の子宮内にいるときから始まり、十代のころ、そしてその先も続く。言語習得にかかわっている複数の局面は、最も急激に発達する時期がそれぞ

＊一　コンラート・ローレンツ（Konrad Lorenz）は、ノーベル賞受賞者で、数多くの著書を残した。なかでも最も有名なのは、King Solomon's Ring, Translated by Marjorie Kerr Wilson. London: Methuen, 1961だ（邦訳『ソロモンの指輪——動物行動学入門』日高敏隆訳、早川書房）。

れ異なるが、その最終的な結果はホリスティックなプロセスで、言語コミュニティーにうまく加わるために欠かせないものとなる。

神経学上の発達は生まれる前から始まり、聞き取ることと話すことと共に、幼児期に実質的に定着する。自らの言語環境においてコミュニケーションを図る能力は、ごく幼い乳幼児のころから積極的に発揮され、小学一年生のころまでには、社会的な環境にかなりうまく適応している。現実に関する世間一般の定義を理解することと人格を具えることは、よちよち歩きのころから十代にかけて大いに進む。人格の発達は段階的に進むが、その各段階において社会的な依存対象が、まず家族から、次に同世代の友達へ、そして最終的に全体的なコミュニティーへとシフトしてゆく。

スコットランドにあるエディンバラ大学のジェイムズ・ハーフォード教授[＊1]は、言語がもしサイズというものを具えているとすれば、「子供たちは、言語の〝一部〟を知ることから、〝全部〟を知ることに向かって発達する」と形容した。前述した言語習得の諸局面は、ハーフォード教授のイメージを思わせるものだ。言語習得が完了することは決してない。それぞれのペースで発達する言語習得の各局面は、常に進歩が止まる状態に近づくように見えながらも、決して停滞期に達することはない。

もし、聴力の九十%が三歳までに固定化し、会話に参加する能力の九十%が七歳までに固定

＊1　Hurford, James R. (1991). The evolution of the critical period for language acquisition. Cognition, 40, 159-201.

化し、語彙の九十％が十八歳までに固定化するというようなことが明言できたら、どんなにいいだろう。こういった考えの正確さを極めるのは不可能だが、言語習得の諸局面は、人間の発達段階の様々な時期に発達するという強力な証拠は存在する。もし〝臨界期〟という概念を少しでも信じるとすれば、言語習得の臨界期は、ひとつではなく、多数あると宣言しなければならないだろう。

臨界期は、非常に大きな目で見た場合にしか存在しないものであるため、それを単一の現象として扱っている研究に永続的な価値があるとは考えにくい。それよりずっと経済的なアプローチは、言語学習を複雑なものと認識すること、そして、言語学習には他の分野の学習（社会的な学習や人格形成など）が密接に関わっているということを認めることだ。こういったアプローチに照らせば、言語学習とは、いみじくもハーフォード教授が言ったように、小さなサイズのスキルから、非常に大きなサイズのスキルへ進展するものだと言うことができる。

けれども、その人の第一言語（あるいは複数の第一言語）が継続してそのサイズを増してゆくという考えには、新たに学ぶことになる言語の習得に関する厳しい含蓄がある。ある意味では、大人の第二言語習得に障壁となるものはひとつしかないと言っていいだろう。それは、脳は常に第一言語の処理を最優先で行うということだ。

私は、脳が風船のように言語でいっぱいに膨らんでしまい、それ以上の言語を受け入れられなくなると言っているのではない。実のところ、新たな言語を受け入れさせる方法がわかりさえすれば、脳はずっと多くの言語を受け入れる余地がある。私が言いたいのは、自律的な神経経路は、どのような言語のインプットであっても、それが既存の言語に一致するものとして解釈する傾向を強めてゆくということだ。新しい言語は、単に潜在意識下の先入観に合致しないという理由で、締め出されてしまうことが多いのである。

b　継続して失われてゆく能力

生まれたときから死ぬまでの言語習得スキル曲線というものを想像してみよう。ハーフォード教授なら、この曲線を言語的知識のサイズを示す指標だと言うだろう。さて、この曲線の上にあるスペースは着実に減少してゆくことに留意されたい。このことは、多くの人にとって、既存の言語理解が一層深まるにつれ、新たな言語を習得する能力が低下していくことを示唆している。

「臨界期」という用語には、その時期を過ぎると、何かを習得することが不可能になるというニュアンスがある。実際、臨界期は多くの生物学的領域に実在する。ところが、言語習得能力は、生まれたときから死ぬときまで、継続して下降線をたどるものだ。そのため、人間の言語習得経験を指す用語としては、〝臨界期（critical period）〟よりも〝年齢にまつわる制約（maturational constraints）〟というような用語を使用するほうがふさわしい。

二〇〇三年に、ストックホルム大学のケネス・ヒルテンスタムとニクラス・アブラハムソンが「ＳＬＡ（第二言語獲得）における年齢制約」に関して徹底的に考察した論文を発表した*一。著者らは、言語習得能力には急激な低下というものはなく、その人がいる環境で使われている言語に脳が自らを適応させていくにつれ、第二言語の習得能力は出生時からずっと継続して失われていくとした。

ヒルテンスタムとアブラハムソンは、幼年期以降に第二言語を学び始める者は、決してネイティブスピーカーとしての能力を達成することはできないと言う。そのため、「ネイティブスピーカーのような究極的な流暢さを得るには、言語学習は『(人生の)最初から』始めなければならない」と提言した。第二言語に驚くべき能力を発揮する大人もいないわけではないが、そういった人の一見完璧に思える言語使用も、「第二言語習得のメカニズムに特に関心のある言語学者の研究所でなら」欠点を発見することができると言う。

言語学習能力が急激に低下する時期があるという概念にセンチメンタルな関心を抱き続ける人は今でもいる。また、臨界期の概念を、英語のような強力な国際言語の侵入から身を守る砦とみなす人もいる。こういった人たちは、臨界期が終わるまで(もし臨界期の終わりというものが小学校を終了する時期にたまたま重なるのであれば)外国語を遠ざけることができれば、生徒たちは外国語をじゅうぶんに学ぶことができなくなり、その結果、継承すべき母語は守られると推論している。

＊1　Hyltenstam, Kenneth and Abrahamsson, Niclas (2003). Maturational constraints in SLA. In Doughty, C. J. and Long, M. H. (Eds.). The handbook of second language acquisition (pp.539-588). Malden, MA: Blackwell.

継続して下降線を描く能力衰退が示す明らかな結論は、第二言語を身につけたいなら、早く始めれば始めるほど、その言語をじゅうぶんに身につけることができる、ということだ。とはいえ、言語学習能力の衰退は継続的なものであるため、努力する見込みがなくなる年齢というものは存在しない（この見解は、私のような高齢者には、いくらかのなぐさみを与えてくれる）。〝臨界期〟という用語は、多くの人々の頭脳に刻み込まれているため、なかなかその影響力がなくならない。けれども、第二言語習得能力が急激に低下するというイメージは、それより緩やかな低下というイメージに（ありがたいことに）必ずや塗り替えられることになるだろう。わたしたちみなにとって、希望が持てることに。

B　学校教育の組み立て方

言語教育を成功させるいくつかの局面は、教師やカリキュラムや教科書ではなく、学校教育の組み立て方によって決まる。これには、生徒をクラスに振り分ける方法や、どの学年で何を教えるかといったことも含まれる。英語を含めた外国語を導入するのはどの学年が最もふさわしいかということについては、現在、活発な議論が交わされている。

1　英語指導は小学一年生で始めるべきか？

英語指導は、日本の学校教育のどの時点で始めるべきなのだろう？　この問いは多くの論議を呼んでいるが、そのほとんどのものは、知識よりも偏見に基づいているようにうかがわれる。子供たちのやわらかい頭脳を英語にさらす時期と方法について決定を下す前に、小学生の語学習得能力について判明していることをおさらいすることは役に立つだろう。

このセクションでは、生徒たちは、どの時点で何を受け入れる準備が整っているか、そして小学校は求められている経験をどうやって子供たちにもたらすことができるかについて考察してみたい。本セクションの最後で、読者の方々が次の二つの原則に納得できたら幸いである。すなわち、（1）日本人の子供たちの特質や発達に生来備わっているものが、早期英語教育を妨げるようなことはまったくない、（2）英語の習得を満足できるものにするためには、英語を退屈な教科としてではなく、その子に自信をつけるものとして授けることが必要だ、ということだ。

a　夢想から理性的な思考へ

誕生時の赤ちゃんの思考形態は、「一次過程」以外のなにものでもない。「一次過程」の思考とは、精神分析学の父であるジークムント・フロイト（一八五六―一九三九）が名付けたもので、自己中心的で夢想的な考えからなり、のちに〝現実〟として知ることになるような思考の干渉を受けないものだ。子供たちは育つにつれて世の中のことを学び、「二次過程」という思考方法を発達させてゆく。この過程を通して、覚醒時の思考や感情が、常識的なものへと導かれてゆくのだ。

私は晩生《おくて》で、一次過程の思考を長く保ち続けた子供だった。遅くも小学校二年生という時点のある日、授業中に気分が悪くなった私は、先生に「飛行機を吐いてしまうかもしれないからトイレに行きたい」と訴えた。今にして思えば、私がそのときに恐れていたのは「噴出性嘔吐」という症状だった。当時の私は「吐く」という表現を知ってはいたが、頭の中で想像していた状態がとてつもなくすさまじい嘔吐だったので、それを強調するために「飛行機」という言葉を付け加えたのである。教師は私の比喩にとまどったが、それでもトイレに行かせてくれた。

みじめな思いをしながらも、私は、自分が試した意思疎通手段には何かおかしいところがあったにちがいないと思い至った。そしてそのとき以来、常に成功したとは限らないものの、一次過程的な思考は、夢や創造力が発揮される瞬間に限るよう意識した。

世界中のどこにいようとも、子供たちは六歳（プラスマイナス一歳）に達すると、新たに重要な任務を負わされる。複雑な現代の社会に暮らす子供たちは、学校に入学する。それ以外の社会では、自己規律と初歩的な判断が求められる仕事が与えられる。発達心理学者はこの時期を「五〜七歳のシフト」と呼ぶ。これは子供たちが急激に成熟し、自分たちが置かれている社会および物理的環境のなかで、一貫した行動ができるようになる時期だ。

六歳から十二歳ぐらいまでの小学生の期間には、着々と成長が進み、社会で得られる知識を使いこなす能力も増す。フロイトはこの時期を「潜伏期」と名付けた。これは、子供たちが通常、教室にじっと座って多くのことが学べるようになる時期であり、まだ思春期の荒波を受けずにすむ時期だ（とはいえ、現代社会では、思春期はフロイトの時代よりも、一～二歳早く始まる可能性があることを指摘しておく）。

だが、ここに問題がある。脳の柔軟性と、その結果としての新たな言語の音とパターンへのオープンさは、乳幼児期から大人の時期に向かって低下し続けるのだ。つまり、小学生は知的能力を発達させる一方で、小学校へあがる前の子供たちが言語を捉えるのを助けている自発的かつ本能的な心的能力を喪失し続けているわけである。

日本では、英語の読み書きに触れさせる機会を中学生になるまで遅らせてきた。そして、それを正当化する理由として、二つのことが挙げられてきた。まず、英語は難しいので、生徒たちの脳が成熟して、英語の抽象的かつ難解な原則を学べるようになるときまで遅らせたほうがよい、というのがひとつ。そしてもうひとつは、生徒たちは日本語と日本文化を習得するので手いっぱいなので、英語を導入したら、生徒の日本的な心根を弱めてしまったり、堕落させてしまったりする恐れがある、というものだ。

このような議論については、二つの強力な反証がある。まず、第二言語の習得とは、本来、知的な課題を突き付けられるものではなく、ほとんどが自発的に生じる一連の能力を身に付けるものだ。つまり、幼い子供が最も得意とする直観的学習の類である。二つめに、ある難しい言語（と文化）を習得しようとすることは、同時に行っているもうひとつの言語の習得を損なうという議論は正しくない。その反対に、言語のイマージョン教育から、第二言語の学習は第一言語の習得、その人が背負っている文化の理解、さらには知能まで向上させるという証拠が挙がっている（詳しくは、第三部のイマージョン教育に関する記述を参照されたい）。

となれば、英語を含む第二言語の指導は、小学一年次という早い時期から始めることが可能であり、それは、ネガティブな影響どころか、ポジティブな影響をもたらすことになるのである。第二言語の早期教育は、小学生の機敏な頭脳を活用するもので、子供の頭脳がより系統立った思考に向けて発達するにつれて、その指導もより系統立った方法で行うことができるようになる。

組織立った学校教育という観点に照らせば、英語指導は、もし小学校以前からすでに始められていないのであれば、小学一年次から始めるべきだ。子供が論理的能力と明示的な記憶を発達させるにつれ、直観的な学習に、形式や語彙といったある程度の明示的な指導を補完してゆけばいい。ちょうど、第一言語を指導するのと同じように。英語の学習を遅らせるべき発達上の理由は何もない。制約は、資金と時間とノウハウだけだ。

b　子供たちに力を与えるための英語教育

私たちは英語を一連の厄介な暗記作業として教えてはならない。そうではなく、英語は、子供たちに力を与える手段のひとつとして扱うことが肝心だ。学ぶこと自体が楽しく、世界を理解し新しい人々と交流することを助ける一連のスキルとして扱わなければならない。これは、よく言われる英語習得の目的、つまり、日本人が言葉のハンディキャップなしに世界で競争できるようにする、ということとは異なる考えであることに留意されたい。英語力をつけるには、学校は言語指導の目標を日本の国家的利益の観点から定めるのではなく、生徒個人の能力を伸ばすという観点から定めるべきだ。もしそれが達成できれば、結局は国家的利益にもうまく適合することになるだろう。

たとえば、大阪府の天野小学校では、生徒たちはすぐに、英語はコミュニケーションの新たな力を与えてくれることを理解した。英語の目的は人々と意見をやりとりすることにあると考えた子供たちは、外国の生徒や一般の外国人と交流したいと望み、あとに記録を残すために、英字「新聞」を作りたいとまで学校側に要求したのだった。

かつて、すでに複雑なアルファベットや何百個もの漢字で頭をいっぱいにしている日本の小学生に英語の読み書きを教えるのは不適切だと考えられていた。けれども今では、英語の読み書きが混乱をきたすようなことはなく、かえって、英語の音と意味の組み合わせのさらなる習得を補完するものであることが判明している。この意味において、英語の読み書きは、身の回りやテレビなどで目にする英語の単語に対する生徒の好奇心を満たし、英語の話し手と意思を疎通させたいという生徒の気持ちを満足させるものになる。

2 〝五〜七歳期のシフト〟における言語の喪失

フロイトは、人が五歳から七歳ごろの時期より前に生じたことをよく覚えていないという事実に興味を持った。いわゆる「幼児期健忘症」だ。読者の方も、ご自分で確かめてみることができるだろう。あなたの最初の記憶は何だろうか。ほとんどの人は、三歳前のことは何も思い出せないだろう。そして、多くの人の最初の記憶は、五歳か六歳のころのものだ。

優れた科学者は、私たちが当然と思っていることを驚きの念をもって見つめる。フロイトも、幼児期健忘症を驚きの目で見つめ、人というものは幼いころ、わくわくするような経験にためらうことなく飛び込み、人間の苦悩や喜びを隠さず、愛情や嫉妬心や恐怖心を表現するものだと観察した。私たちはみな子供のころ、社会生活にどっぷりつかっていたように見受けられる。それならばなぜ、そういった記憶を思い出すことができないのだろう？　まるで記憶喪失者のように、人生でもっとも盛んな発達を遂げていた情熱的な年月の記憶が切り取られてしまっているのはなぜだろう？

フロイトの最初の仮説は、幼い子供たちが気を取られている考えは、たとえば性といったあまりにも危険なトピックであるため、その後成長して、自我が司る（社会的に受け入れられる）思考が発達したとき、幼いころの記憶を封じ込めてしまうというものだった。この仮説の難点は、幼いころの記憶として思い出せるものは、当たり障りのない安全なものなどではなく、ショッキングなことや、危険なことや、ときには性に関することでさえある、という事実だ。

フロイトの最初の仮説はのちに、より成長した子供の思考は社会が司る現実に充たされるという考えによって補完された。この新たな現実の世界には、幼い子供の幻想的な思考が入りこむ余地はない。こうして、サンタクロースがほんとうにいるのかと子供が疑い出したとき、サンタクロースを含めた子供っぽい思考全体が、より容易に受け入れることができる現実的な思考の底に封じ込められてしまうのだ。

とはいえ、初期の記憶がすべて失われてしまうわけではない。多くのものは、催眠術によって引き出すことができる。つまり回想とは、その子が発達させた現実という枠内で選択的に過去を再構築するプロセスなのである。初期の記憶は、子供がのちに構築した現実という型に適合しないのだ。

a　五〜七歳期のシフト

世の中のありようが頭脳に定着する主な段階は、発達心理学者が〝五〜七歳期のシフト〟と呼ぶ時期に生じる。これは親や教師がやらせたいと望んでいた多くのことを、（ついに）子供たちができるようになる時期だ。たとえば、何らかの作業をまかせる、物事の手順を覚える、教室でじっと座っている、帰り道を覚える、といったことができるようになる。〝五〜七歳期のシフト〟はまた、思考プロセスが大きく更新される時期だ。

小学一年生の担任は、〝五〜七歳期のシフト〟のエキスパートである。クラスには、いまだにこの時期をうまく乗り越えられない子が必ずいる。教師の仕事のひとつは、そういった子が、このシフトをやりとげられるよう助けることだ。最近のニュースで、東京西部、立川市の小学校で起きている〝小一プロブレム〟と呼ばれる問題が取り上げられた（小学一年生のクラスで、授業になじめない子が勝手に歩き回ったり騒いだりするため、授業が成立しないという問題）。クラス運営があまりにも困難になったため、教師の中には一年生のクラス担当を嫌がる者も出ているという。

問題の責任は、子供たちを適切に育てられなかったとして、家庭や近所に帰された。そして勧められた解決策は、〝学校生活協力員〟を雇い、大人数の学級のクラス運営を手伝わせるというものだった。より保守的な解決策は、この時期を乗り越えていない子供がいることを予測し、そういった子供たちに対処できるように新たな教員に訓練を授けることだろう。もうひとつ考えられる支援手段は、教師が本来のスキルを駆使できるように、学級の人数を減らすことだ。

どれほど親や教師が六歳の子に教室におとなしく座って勉強するよう望んだとしても、それがまだできない子供は必ずいる。もし全員がそうできるなら、教育にやっきになっている向きから、就学年齢を六歳から五歳に前倒しするよう圧力がかかることだろう。だが、ここにあるのは人間の発達プロセスという厳しい現実だ。家庭や社会による不適切な育て方の結果ではない。

私の娘、奈美は、七歳になったとき、世の中に対する理解を組み立てながら、いくつもの変化をくぐりぬけていた。彼女は私にいくつも質問を投げかけたが、求めていた答えは、はっきりしたものだった。事実以外は受け付けなかった。〝パパ〟にまつわる一連の質問は、こんな具合だった。「どうしてパパは〝パパ〟って呼ばれるの？　どうしてほかの言い方じゃないの？　どうしてパパは〝アメリカ人〟なの？　奈美がクラスで一番背が低いことを、パパはほんとはどう思ってるの？」

新しく、詳しく、かなり高度に組み立てられた世の中の理解を身につけるにつれ、失われてゆくのは、それまでの夢想的な考えだ。以前なら、あした起きたら、僕らはみんなチョウチョになっているよ、と私が言ったとしても、奈美はそのまま信じただろう。だが、もはやそんなことはなくなった。奈美が今住んでいる世界には、可能なことも、不可能なことも、両方存在する。彼女は、あらゆることについて蓋然性をチェックしているのだ。

言語については、失ったものもあれば、得たものもある。奈美は日本語を話すことがほとんどだが、かなりの英語も身につけている。家で今でも使われる単語は、彼女の語彙にアクティブなものとして留まっている。一方、ここ一、二年使わなかった言葉は、姿をひそめてしまった。"ceiling"（天井）という単語は、かつて〝かくれんぼ〟をしたときによく出てきた言葉で、奈美はこの言葉をよく理解していた。けれども、この遊びをしなくなって二年たったとき、この単語は彼女の語彙から消えていた。おなじように、"thirteen"（数字の十三）という単語は、奈美を抱いて階段を降りるときにいつも口にしていた単語だったが、階段のないマンションに引っ越したあとは、消えてしまった。

奈美はこういった単語によくなじんでいたので、私は、彼女がいつでも覚えているものと漫然と考えていたのだが、それらが〝五〜七歳期のシフト〟を乗り越えることはなかったのである。私が奈美の英語に注意を払わなくなっていたとき、その一部は地下に潜ってしまったのだった。

b　言語の喪失

ニューヨーク市立大学のロレイン・オーブラー教授は、この時期に言語が丸ごと消失する場合があると書いている。教授の同僚に、五歳まで流暢なヘブライ語を話していた女性がいたのだが、この女性は、ヘブライ語が話されない新しい環境に移ったあと、ヘブライ語を完全に忘れて、流暢な英語を身に付けた。十八歳になったとき、ヘブライ語の学習を新たに始めたのだが、外国語として学び直さなければならず、三十四歳になった今では、「強いアメリカ英語がまじったアクセントで」ヘブライ語を話しているという*一。

言語の喪失と回復について詳細に研究したのは、立命館大学の湯川笑子教授だ*二。教授は、ご子息、春希君のケースについて詳細な記録をとった。春希君は、五歳五か月の時点までに、平均的ネイティブスピーカー、あるいはそれ以上の日本語と英語のスキルを身につけていたが、この時点で、英語だけが話されるハワイの環境に移った。

ハワイでの生活が四か月経ったとき、春希君は日本語を流暢に話す能力を失った。彼は日本語を話そうとすると「頭のなかで一つ一つ言葉を探さなくちゃならないんだよ。話したい言葉をみつけるまでに、二〜三時間もかかる。そのあとで、言いたくない言葉を消さなきゃならない。すごく疲れるよ」と（英語で）話した。

春希君はハワイで五か月間過ごしたあと、日本に戻り、前に通っていた幼稚園に再入園した。その最初の日、どんなに頑張っても、春希君は日本語で文を作ることができなかった。とはいえ、日本語は迅速に戻り、五週間後には、湯川教授が〝元の複雑さ〟と呼ぶレベルを取り戻し

＊一　Obler, L. K. (1984). The neuropsychology of bilingualism. In Caplan, D. et al. Biological perspectives on language (pp.194-210). Cambridge, MA: MIT Press.

＊二　湯川教授は、自身の経験を博士論文に綴った。この論文は英語版が出版されている。L1 Japanese attrition and regaining: Three case studies of two bilingual children. Stockholm: Stockholm University Centre for Research on Bilingualism, 1997.（日本での版元は、くろしお出版、一九九八年）【訳注／湯川笑子氏は、一般向けの書として、『バイリンガルを育てる――0歳からの英語教育』（くろしお出版、二〇〇〇年）も出版している】

た。湯川教授は、意識下にあった日本語の知識が失われることはなかったことは確かだが、使えるように呼び出す能力、つまり〝処理する〟能力が一旦消えたあと、戻ったのだと書いた。

言語の喪失は人の人生全体を通じて起こるように見えるが、それがより頻繁に生じる時期というものがあるようだ。オーブラー教授は、言語が〝失われた〟とき、そしてそれが取り戻されたときに脳に何がおきているのかを、科学者たちは究明すべきだと書いている。私たちは事実を観察することはできるし、それにどう対処したらよいかさえある程度知っている。けれども、オーブラー教授が示唆したような分野におけるさらなる研究が求められているのは確かだ。

3　子供たちは迅速に習得し、迅速に忘れる

忘れ去ることは、とりわけ人生最初の五～六年における言語学習において大きな役割を果たす。より役に立ち、より表現豊かな形が、古い形を置き換えてゆくのだ。〝アップグレーディング〟は子供の学習の重要な部分で、その結果、使われなくなった素材の多くが活性化されなくなる。

前述したように、およそ五歳から七歳までの精神的な転換期に、子供たちは現実を捉える新たな方法を発達させる。これにはその時点で話している言語が含まれるが、使われていない表現を思い出す力は大きく減退する。五歳の春希君がハワイに暮らしたとき日本語と英語に起きたことは、子供たちは言語を迅速に忘れ、迅速に取り戻すことを示している。

七歳ごろになると、言語の喪失スピードは、言語の習得スピードと同じように減速する。湯

川教授は、春希君の二番目の旅路について報告している。春希君は七歳から十六か月にわたってスウェーデンで暮らすことになった。そこではまた日本語はほとんど使えなかった。彼は主に英語で話し、スウェーデン語も学び始めた。ところが今度は、彼の日本語はゆるがないままになった。流暢さがほんの少し失われたことと、日本の小学校一年生の授業で習った漢字のいくらかを忘れただけだった。

〝五〜七歳期のシフト〟が完了した後、使われていない言語が地下に潜る速さはゆっくりとなる。とはいえ、長い時間と妥当な状況さえあれば、それは依然として起こりうる。私の研究対象のひとり〝B君〟は、七歳半までモノリンガルの日本語話者として育った。だが小学校二年次を修了する前に、一家は突然ニューヨークに転勤することになり、彼はアメリカの小学二年生クラスに入れられることになった。B君はこのときの経験を、暗い穴に落ちるようなショッキングなものだったと描写している。

しばらく落ち込んだ日々が続いたあと、B君はこの状況から抜け出すため、意思の疎通に全力を傾けた。学校の授業をがんばり、友だちづくりに励み、家でも家族と英語で話した。彼は見事にやりぬいて、三年後には、英語の読み書きでクラスのトップに立っていた。B君がニューヨークの小学校の五年生だったときに、一家の知り合いの子供が日本からやってきた。誰もがB君はこの子と一緒に遊んで日本語を話すものと考えたが、そうはならなかった。みなが驚いたことに、B君はもはや日本語が話せなくなっていたのである。

ニューヨークで六年半を過ごした後、B君は日本に戻ってきた。十四歳になっていた彼は、自動的に公立中学校の二学年に編入した。知識ゼロの段階から英語をものにした彼は、日本語でも同じことができると考えた。最初のころは日本語が錆びついていたので、小学校の教科書を読むことから始めた。同級生や教師からの過酷ないじめに駆られたこともあり、B君は日本語を再び組み立てていった。

中学校を卒業するころまでには、B君の日本語はほとんどふつうの日本人の生徒と区別がつかないぐらいになっていた。とはいえ、日本語の発音と聞き取りにはわずかな違いが残った。B君のネイティブレベルの英語はそのままになった。彼の日本語を話し聞き取るレベルが、日本を離れた小学校二年生のときのレベルに戻らなかったということは、かつて機能していた精神的プロセスを完全に機能させることができなくなっていたことを意味する。

a　導かれるべき結論

今まで挙げてきたような注目に値するデータが存在するのであれば、先入観に基づく説明に飛びつくより、すでに判明していることを吟味したほうがずっとよい。言語の喪失と回復に関して比較対照試験を行うことは誰にもできない。私たちが入手できる唯一の証拠といったものは、言語が自然に休止期に陥った人の経験を慎重に観察することぐらいしかない。もちろん、すべてのケースはそれぞれ異なっている。人間とは、ひとりひとり異なるものだからだ。けれども、大きなパターンは存在する。そのため、ある解釈を排除して、他の解釈を仮説的に容認することは可能である。

ひとつの言語が他の言語を抹殺してしまうと結論付けるのは誤りだ。ひとつの言語が他の言語を抹殺するという偏見は広く信じられているが、その証拠はどこにもない。言語が抹殺されるのは、他の言語の影響によるのではなく、その言語自体が使われなかったからだ。日本の学者には、この証拠を異なって解釈している者がいる。こういった人々は、海外から戻ってきた帰国子女の日本語が、該当する学年の日本人のものより劣ることを目にして、問題の真の原因は日本語を使う頻度が少なかったことにある（これが正しい解釈）にもかかわらず、他の言語（通常の場合は英語）が悪賢くも、日本語があるべき場所を占領してしまったと結論づける。

ひとつの言語が他の言語を押し出してしまうほど脳のキャパシティーが小さいと考えるのは誤謬だ。脳のキャパシティーが制限されているため、外国語を学ぶのは、日本語が完全に定着するまで始めるべきではないと結論付けるのは、さらなる誤謬で、しかも無慈悲な誤謬である。

複数の言語が互いを押しやるようなことが生じない理由は、脳内で物理的なスペースを占拠しているわけではないからだ。そうではなく、言語とは互いに結びついているニューロン結合の塊を起動することによって生じる。それは歌に似ている。ある歌を歌うとき、私たちは、それを脳内で起動する。通常の場合は、歌を丸ごと起動するので、曲の途中でほかの歌に切り替えるようなことはしない。ひとつの歌が、ほかの歌を脳から完全に押し出してしまうとは誰も思わないだろう。たとえある歌を歌っていても、新たな一連の感情を起動して、すぐにほかの歌を歌うことができると信じて疑わない。それならなぜ、脳内に既存言語があるときには他の言語を学ぶことができないと絶望的になる人がいるのだろう？　こういう考えには理性的な思考以外のものが関わっている。それは、偏見だ。

先入観や偏見を最大限取り除いたあとに残る、言語の学習と喪失に関する結論とはなんだろう？　次の三つの結論が理にかなったものとして導かれると思う。

・子供たちについてよく知られている言語の急速な習得は、使われなくなった形式を急激に忘却することと結びついている。
・習得も忘却も、最初は急激に生じるものの、年齢が増すとともに（いくらか不規則的に）減ってゆく。
・子供の言語スキルを育てたければ、長い期間、その言語を使用しないような事態を避けなければならない。

b　親と教師へのメッセージ

子供たちに外国語を身につけさせることができるか、そしていくつ身につけさせることができるかは、子供たちが数多くの発達段階を経て成長していくなかで、継続的にさまざまな言語に触れさせられるかどうかにかかっている。一般的に言って、折に触れ外国語を使わせることによって記憶をリフレッシュさせれば、言語の喪失は自然に阻止される。

ふつう、子供の頭脳から言語が消えたとき、親は驚きを隠せない。子供が体や時間の使い方や自分の意思を発達させていくにつれ、言語も（ちょうど歯のように）、恒久的に留まり続けるものと思っていたからだ。継続的な補強が必要であることに親が気付かないことはよくある。子供が言語を保守し向上させるには継続的にその言語に晒されることが必要である（ただしすべての言語に同じ程度晒す必要があるわけではない）とわかれば、親はそれを実行に移すことができる。定期的な補強の利点は、複数の言語のアップグレードを継続的に行えば、それぞれの言語において高い習熟度と良い発音を身につけられることにある。

私たちが導いた結論は、カリキュラムの立案にもあてはまる。英語教育における〝シームレスなカリキュラム〟というのは、よく耳にするスローガンで、小学校から中学校、そして高校へと引き継がれる何らかの継続的な形を示唆している。教育政策立案者はときおり、〝シームレス〟とは実際にはいったい何を意味するのかといぶかることがある。私が提案したいのは、〝シームレス〟な英語カリキュラムとは、システマティックに語彙、表現、形式を増やしていくけれども、ときおり反復の時間をとり、決してそれまで学んだことを放棄しないようなカリキュラムを意味するものにすべきだということだ。それは、成長を続ける〝反忘却〟カリキュラムになるだろう。

ここまで子供における言語の習得と忘却に関する証拠について考察してきたが、第三部では、日本における英語のイマージョン教育の成果について検討する。日本の小学校で生徒たちに英語を教えることについては、まったくネガティブな結果が生まれていないようだ。むしろ、発音、正しい形式の自動的な生成、そして英語に対する垣根の撤廃といったことを含め、最終的に英語をマスターできることから様々な利点が得られている。

早期英語教育から利点が得られ、しかも何も害がないとすれば、そのようなトレーニングを導入するかどうかの決定は、実務的な観点からなされるべきである。たとえば、コスト、教師の雇用可能性、教科書や教授法の入手度、そして他の教科に割くための授業時間を生み出す必要性などについての検討が必要だ。

年齢にまつわる言語の喪失と発達を理解することが、親と教育政策立案者にとって判断を助けてくれるものであると実証できたよう願っている。

C　教師たち

オレゴン州立大学の英文学教授だった父は、私に次のようなアドバイスをした。「息子よ、教師にはならないほうがいい。教師の収入は微々たるものだし、たいした名声も得られない」と。父はしばらく考えて、こう続けた。「教師になりたいと望むこと以外に、教師になるべき理由はない」私は父の言葉を念頭に置き、義理がたい息子として、長年にわたりビジネスの世界で生計を立ててきた。けれどもついに私は教師になり、最初から教師になるべきだったと知ることになった（とはいえ、報酬が少ないことについては、父のアドバイスは正しかったが）。私は、教師でいたいから、教師をしている。けれども、産業界にも身を置いてきたことから、教師たちが直面している状況をいくらか違った角度から見ることができる（と願っている）。

教師は教育という闘いの最前線にいるため、学校制度に関わる人々の中で最も目につきやすい。だから、何かがうまくいかなくなると教師が責められるのは当然なのかもしれない。生徒のできが悪かったり、学ぶべきことを学ばないときなどに、教師の責任が問われるのはごくふつうのことだ。でも、これは正しいことなのだろうか？　多くの場合はそうではない。教師たちは非常に厳しい制約のもとで活動することを余儀なくされており、生徒以上に教育制度の犠牲者になっていることが多いからだ。

1　日本人英語教師の長所と短所

日本人の英語教師が過度な謙虚さを抱えてしまう大きな理由のひとつは、英語のネイティブスピーカーが持つ自動的な流暢さに太刀打ちできないということにある。だが、こう考える英語教師は、実は自分にひどい仕打ちをしているのだ。ネイティブスピーカーは蝿の数ほどいるが、英語を日本人の生徒に教える方法については、蝿ほどの知識しか持ちあわせていないことがある。それにひきかえ、日本人教師は多くの長所を具えている。なにより、この厄介な言語を扱うことに意識的に献身するその姿勢は無視できない長所だ。

前に、生徒の言語を話す語学教師が持つ指導上の強みについて述べた際にヴィヴィアン・クックを引用したが、クックは、ネイティブスピーカーの教師の真の長所をたったひとつしか挙げられなかった。つまり、ネイティブスピーカーの教師は、ネイティブスピーカーの発音を持っているということだ。私としては、ネイティブスピーカーが持ち合わせる能力に、多数のイディオムにおける語用論的能力と知識も加えたい。一方、日本人の英語教師には、生徒の背景と文化を理解していることと、生徒の共通の思い込みや彼らの経験について、いちいち説明を受けなくてもすむ、という非常に大きな強みがある。

学級担任の教師たちは、担当クラスとその生徒たちについて学校内外で責任を持たなければならない。家庭訪問を行わなければならないこともあるし、一日の長い時間、保護者についても時間を割かなければならない。日本語のネイティブスピーカーではない者がこうした職務を遂行するのは非常に困難だ。

2　英語を媒体として授業を行う

文部科学省が考えているアイデアのひとつは、英語の授業を英語を使って行う、というものだ。このアイデアは一見、とてもいい思いつきに見える。けれども、はたして教師たちに授業を英語で行う会話力があるだろうかという疑問がすぐに湧いてくる。多くの場合、教師たちは生徒の前で能力の欠如をさらすようなことはしたがらない。学校や教師の中には、単に従わないものもでてくるだろう。教師は現在と同じように日本語を使い、英語は暗記のための教科として教え続けることになるに違いない。とすれば、〝教授言語*一〟に英語を採用するというアイデアは、〝コミュニカティブ・ランゲージ・ティーチング*二〟と同じ運命をたどるだろう――公に祭り上げられてはいるが、実際にはほとんど無視されることになるのだ。

英語を教授言語として採用することに対する大方の拒絶には、もっともな理由がある。教師の多くが生徒や同僚たちに弱みを見せることを憂慮しているだけではない。生徒も教師を批判的な目で見ており、良き教師であるとともに、完璧な手本であることを要求しているからだ。私の教え子の一人はこんな話をした。彼女がオーストラリアでホームステイしていたときのホ

＊一［訳注］　主に学校教育で授業を行うときに使用する言語
＊二［訳注］　略称ＣＬＴ。コミュニケーションのための言語教育

ストファミリーが来日して高校を訪れた際、彼女と英語科の教師が案内役を任された。が、この教師は突然口がきけなくなり、ほとんど一言も話さなかったというのだ。私の教え子のコメントは、教師への敬意をまったく失ってしまった、というものだった。だが私は、彼女はごく自然な状況に過剰反応していると感じた。

たとえ外国語の巧みな話し手であっても、その言語を長いこと話していなければ、突然思い出すのが困難になることは十分にありえる。私の結論は、次のようなものだ。もし英語を教授言語に採用するのであれば、そうするための準備段階として、教師に完璧さを要求しないように、生徒に教えることが肝心だ。これについては、端的に、かつ説得力を持って生徒に説明しなければならない。教師の役割とは、完璧な見本になることではない。本来の役割は言語を指導することにある。指導にあたっては、ひとりひとりの生徒のニーズを把握し、それを生徒にもたらすことが必要になる。手本の役割は、エキスパートの話し手や記録媒体といったほかの資源に求めればいい。

私は、高校二年生だったとき、ラテン語のクラスにヨーロッパから転校生がやってきた日のことを覚えている。彼はすでに六年間ラテン語を勉強してきていた。私たちの教師、マキニー先生は、彼をとても好意的に紹介したあと、こう頼んだ。「アンディ、オウィディウスの『変身物語』を音読してくれないかな。ユピテルが世界に洪水を起こしたところを」アンディはテキストも見ずに哀歌二行連句を暗唱した。よどみなく、美しく。まるで、その詩を書いたのは彼自身でもあるかのように。今でも私はよく覚えている。「Omnia《オムニア》 pontus《ポンタス》 erant《エラント》, deerant《ディエラント》 quoque《クォークエ》 litora《リトーラ》 ponto《ポント》…」それは私たち生徒にとって、感動的な体験だった。「わあ。ラテン語って、こんなふうに聞こえるんだ！」と私たちは互いに言い合った。このような体験は、美と評価の基準を生徒の心に刻み込むことがある。だが、こういった体験をもたらすのが教師である必要はないのだ。私はこの一件におけるマキニー先生の采配に感銘した。彼には、アンディを生徒たちの手本にするだけの見識と知恵があった。先生はソリストではなく、指揮者だったのである。

a　最大報酬の法則

誰かと意味のある会話をするには、意思の疎通を最適化するために互いに通じあう最善の言語を見つけることがまず必要になるというのは、語用論の根本的な原則であるように思われる。通常の場合、人々は互いの最善の共通言語に自然にいきつく。これは法則と言ってもいいかもしれない。言語学者はときおり、〝最小努力の法則〟について語ることがある。この〝法則〟はあまりよく定義されているとはいえないが、言語は通常、精神的な努力を最小限ですませるような方法で組み立てられるというようなことを指すものと思われる。会話について似たような考えをあてはめるとすれば、人々は互いが最もよく意思を疎通させられるような共通言語を探して使用する、ということになるだろう。もしこのプロセスに名前を付けるとすれば、〝最大報酬の法則〟と呼べるかもしれない。

生徒と教師双方にとって、英語を教授言語として使用する最大の恩恵は、会話の内容を互いに居心地の良いレベルにまで引き下げることになることだ。これはクラスの最小公分母となり、ほどなくして〝英語で考える〟状況が導かれる。この共通の言葉はクラスの暗黙の仲間言葉——つまり、会話と読み書きで自動的に使われる言語となる。〝最大報酬の法則〟により、使用される種類の言語は、すべての参加者が理解できるレベルにまで単純化されるが、それ以下に陥ることはない。

もし教師と生徒が英語を通して互いに理解し合うよう努力すれば、どのクラスも、山のようなフレーズを使い、すべての者がそれを理解するといったコミュニティーが作り上げられるだろう。たとえば授業の運営に関することについては、こういった共通言語として次のようなフレーズが使われることになる。"Stand up."（立ってください）"Write on the blackboard."（黒板に書いてください）"Go back to your seats."（席についてください）"Sit down."（座ってください）"May I erase?"（消してもいいですか?）"Shall I open a window?"（窓を開けましょうか?）"May I go to the toilet?"（トイレに行ってもいいですか?）"Taro is sick today."（太郎はきょう体調不良です）"I don't understand."（わかりません）"Would you repeat?"（もう一度言ってください）"How do you say. . . ?"（……はどう言えばいいのですか?）"More slowly, please."（もっとゆっくりおねがいします）"Do you mean. . . ?"（……ということですか?）

教師と生徒は、こういったフレーズを当初は共に学ぶ。そしてもし教師がうまく事を運ぶことができれば、英語を使うことは生徒にとってゲームのように感じられるようになるだろう。それでいながら、こういった授業は、会話を維持するための確固とした基盤を生徒に与えることになる。実のところ、コミュニカティブ・スキル（コミュニケーション能力）を発達させたいなら、当初はこのレベルから始め、コミュニティーが発展するのと同じようなプロセスを通して、徐々に発展させてゆくことが必要だ。

英語を話したがらないことを含め、英語でコミュニケーションを行うことの難しさのひとつは、このような基本的なレベルの、会話を促進するためのフレーズを身につけていないことにある。一度覚えてしまえば、あとは簡単だ。けれども、ほとんどの場合、こういったフレーズの習得は行われず、その知識がないためのハンディキャップは恒久的なものになる。

b　インフォーマルな英語

言語における〝語用論的能力〟とは、適切に話し、行動することができる能力を指す。それには、ボディーランゲージや、何をいつ行うべきかを理解していることも含まれる。日本人の生徒には、ロボットのように話し、不適切な行動をとる者があまりにも多い。これは、優秀な生徒についても言えることだ。堅苦しい授業において、きちんと計画された方法で語用論を教えるのはほとんど不可能だ。けれども、授業中に肩のはらない会話を英語で行うことができれば、語用論的な要素は、教師と生徒の努力からだけでなく、外の世界からも取り入れることができる。つまり、学校の外の日本の社会に存在しているにもかかわらず、自信がないために生徒たちが通常の英会話で使うことができないでいる英語だ。

すべてを英語で行われなければならないわけではない。日本における学術的な英語の需要は決してなくならないだろう。けれども、こういった内容は非常に難しいので、生徒にとってもっとも易しい言語、つまり日本語で提供されるのがベストだ。私が思い描いているのは、生徒たちが英語をボトムアップ（簡単だがより自然な英語のコミュニケーション能力を伸ばす）とトップダウン（理解が難しい概念、語彙、抽象的な構造を日本語で指導する）で学ぶという状況だ。最大報酬の法則により、あらかじめ計画された授業の一部は、手ごわいことに充てなければならない。この二つのアプローチは、ある程度、互いを肯定的に補完し合うことになるだろう。

英語をコミュニケーションに使い、日本語を抽象的な内容の説明に使うというこのシナリオにおいて、私は、英語の能力のレベルを心配している教師たちを安心させたいと思う。私が言いたいのは、どうかストレスを背負い込まないようにしてほしい、ということだ。もし、あなたが学術的な精査対象として、英語というものに〝ついて〟話すのなら、それを二番目に得意な言語で行うことによってより困難なものにしてしまうようなことは、ほとんど意味をなさない。たとえば、ネイティブスピーカーならまず抽象的なものとしてはとらえない概念である「未来完了時制」の説明などは、（もしあえて説明するならば、だが）生徒と教師が共有する最も身近で豊かな言語である日本語で行われるべきだ。一方、実用的な事柄の話し合いに英語を使うことは、不必要なストレスを生じさせることなく、本当のコミュニケーションが行われる場を通してスキルを向上させる楽しい機会を生徒と教師の双方に提供することになるだろう。

私は第一部の『英語教師の再訓練は万能薬ではない』のセクションで、教師が抱えているプレッシャーと制約はあまりにも大きいので、訳読からコミュニケーションのための英語への切り替えは、教師たちに今以上のプレッシャーを与えるような方法では達成できないことを説明した。とはいえ、すべての英語教師は今、変化が生じていること、とりわけ生徒のコミュニケーション能力を向上させることが求められているという現実を自覚している。『はじめに』で述べたチェスター・バーナードの助言に従って、教師たちが機会を手にできたとき（できるとすれば、だが）に、何ができるかを考えてみることが建設的なアプローチだといえるだろう。

もし「ゲームのルール」が変化して、英語教師は今や、教師になったときに求められていなかった職務を行うことを求められるようになったのだとすれば、とてつもなく大きなとまどいを感じているとしても無理はない。何らかの有益な考え方を示唆するために、次の手紙を日本の英語教師たちに贈りたいと思う。

3　日本人英語教師への公開書簡

同僚のみなさんへ

私はあらゆる方面から電子メールを受けつけているので、日本で英語教育に関与している人々について多くのことを学ぶことになりました。なかでも、現状を居心地よく感じている人と苦しんでいる人とは、どういった人々なのかを知るに至りました。最も苦しんでいるのは、あなたがた、日本人の英語教師たちです。

私は、いくつかの問題とその解決策についてみなさんにお話ししたいと思います。もちろん、これを読む方々のパーソナリティーや年齢、スキルや目標がそれぞれ異なることは承知しています。けれども、どうか私がこれから述べることのいずれかが、あなたにも当てはまるのではないかどうか考えてみてください。

日本の中学校と高校の教師の多くは、オーバーワークと疲労に苛まれています。そして、英語教師であるあなたは、余分なショックまで背負い込むことになってしまったのです。というのは、仕事の内容が変わったからです。その結果、あなたがたの多くは、単なる疲労だけでなく、不安や鬱々とした気分に苛まされることを余儀なくされています。

私のいとこ、トマスは、大学で美術を専攻し、職業画家のテクニックや伝統などについて学びました。そしてその後、美術の鑑賞のしかたを教える教師になって、尊敬を集めていました。ところが何の前触れもなく、彼は変わるように求められ、もはや美術に〝ついて〟教えるのではなく、〝美術作品の制作〟を生徒に指導するようにと告げられたのです。画家でない彼は、生徒に芸術的な創造性を指導する力が自分にあるとは思えませんでした。

みなさんの学校での仕事に関して言うと、あなたが通常とは異なる教育を受けてきたのではない限り、言語教育とは明示的な知識を生徒に授けるものだという印象を抱いてきたものと思います。けれども突然、コミュニケーション能力が求められるようになり、生徒が英語を話せないという理由で、あなたは非難されるようになってしまいました。

あなたは英語に〝ついて〟教えることから、生徒が〝英語を話せるようになる〟ための指導をするよう、変更を迫られました。私のいとこのトマスと同じように、あなたが不安に感じたとしても当然です。

あなたの仕事内容の変更は、言語能力に関して新たな洞察が生まれたことからきています。つまり、言語能力とは明示的な知識や意識的な処理に基づくのではなく、音と意味との自動的な融合に基づくもので、これはその人にとって意味のある状況で訓練を積むことによって得られるものだ、という考え方です。

この新たな考え方の骨子は、こうです――学習とは、生徒がその言語を使って意味のある経験に関わるときに最大化される。言語に〝ついて〟学ぶことは、もっとも有用度が低い。二つの言語間を出たり入ったりすること、そしてその都度翻訳をすることはあまり役に立たない。

新たな仕事内容に対処する最善の道は、講義をする人、あるいは情報を与える人、といったご自分のイメージを捨てることにあると思われます。もしあなたが私と同じだったら、当初はこの切り替えが難しいでしょう。講義をすることはまるで基本的な人間の本能のように思われるし、講義のほうがコーチングより易しいからです。講義をするだけなら、生徒ひとりひとりの進捗状況を把握する必要はないのですから。

コーチとしてのあなたの仕事は、練習によって新しいスキルを身につけようとする生徒を支援することです。生徒が長所を生かし、弱点を直し、解決策が見つけられるように支援しなければなりません。

コーチングというアプローチをとる見返りは、それがとても満足のゆく仕事になること——ストレスとは真逆の結果が得られることです。生徒たちは自分の上達に心からの喜びを感じるでしょうし、生徒やその親たちは、親身になってくれる教師に心からの感謝の念を抱くことでしょう。

生徒たちにあなたの力不足を明らかにすることは、講義を行うことからコーチをすることへの切り替えを通して自然ななりゆきだと思えるようになることでしょう。講義だけを行うのであれば、力不足を明らかにしなくてもすむかもしれません。けれども、あなたもご存じのように、生徒というものは、教師の強みと弱みをすぐに見つけ出すものです。実のところ生徒は、教師が自分の力不足について正直である限り、教師の弱点についてはそれほど気にしないように思えます。マラソンランナーの高橋尚子選手は、コーチの小出義雄氏が自分と同じように二時間二十分でフルマラソンを走るようなことは夢にも求めていませんでした。彼女が望んだのは、自分がこの時間内に走り切れるようにコーチに支援してもらうことです。そしてついに、彼はやり遂げました。

二〇〇一年九月三十日に、高橋選手は世界で初めて二時間二十分を切った女性マラソンランナーになったのです。

生徒たちは、教師がほんとうの能力以上のものを持っているふりをしたときには幻滅します。もしかしたら、こういった欺瞞を許せないと生徒が思うのは、それにより生徒と教師とを結びつけている完全な信頼感が壊されてしまうからかもしれません。ですから、本来の自分の姿を、それ以上のものであるかのように見せかけるのはやめましょう。

幸運なことに、生徒たちの理解度は、教師が間違えて訂正する姿を見たときに、とりわけ進むものです。言語を学ぶということのひとつの局面は、完全に身に付いている部分はどこか、難しい部分や使いこなせていない部分はどこかということを知ることです。もしスペルが苦手だったら、そう告白すればいいのです。そうして、スペルをチェックして訂正するためにあなた自身が工夫した手順をたどる姿を、生徒たちに見せればいいのです。

もちろん、あなたはある程度、制約のなかで指導を行わなければならないでしょう。認可された教科書を使わなければなりませんし、文法事項を教えていくという旧来の方法で組み立てられた指導計画にも従わなければなりません。さらには、わが子がテストでよい成績をとれるように望む親たちの要求も満たさなければなりません。こういった制約は、生徒の本当の流暢さを伸ばすためのあなたの努力を妨げるもののように思えます。けれども、どうか、あなたの仕事は基本事項を教えることだけだ、という合理化には屈しないでください。もし私たちに学んだことがあるとすれば、それは、通常の場合、基本事項だけでは流暢さを導き出すことはできないということです。そのため、良いテストの成績も導き出すことはできません。

あなたには、やれることがあります。まず、切り替えを行う努力を正当化するために、生徒の流暢さを向上させなければならないという新たなプレッシャーがあると指摘することができます。これについては、国際的な英語試験で高得点が取れないことに不満が生じているというプレッシャーも指摘することができます。あなたの最上の反論は、テストの高得点は、言語の詳細に関するボトムアップの指導からだけでなく、その言語を使って意味のあることについてホリスティックな練習を重ねること（生徒たちが、本当に興味のあることについて話すこと）によっても導かれるという事実です。

ネイティブスピーカーや、テストで高得点をあげる生徒は、文法事項を覚えることによって、それを達成しているのではありません。こういった人たちは、心の耳でパターンを聞き取ることによって、正しい形を生成しているのです。教師であるあなたは、このことからヒントを得て、言語を耳で聞き取るパターンとして教えることができます。この目的を達成するには、難しい単語を使う必要はありません。音韻的な習慣となるパターンを含んでさえいればいいのです。たとえば、英語を学ぶ生徒は、句動詞の二番目の部分を予期することを身につけることが必要です。例をあげると、"She ate it all ____!"（彼女は全部食べてしまった！）という文で、もうひとつの単語（おそらく"up"）を補ってパターンを完成させようと予期するのは、知性ではなく、心の耳の働きです。

日本語の発話と英語の発話には、異なる音やリズムがあり、喉頭の使い方も異なります。こういった差異があるため、みなさんのなかには、胸を張れるような英語の発音を身につけていない人もいることでしょう。でも、生徒は、あなたより若いので、良い習慣を身につける潜在性をより高く具えています。では、こういった状況で、どうやったら生徒にあなたより巧みな発音を身につけさせることができるでしょう？　その答えは、授業に手本となる人を呼ぶことです。

みなさんのなかには、運よくネイティブスピーカーを補助英語教員（ＡＬＴ）として使える方もいることでしょう。そうであれば、ぜひ彼らを活用しましょう。授業を任せっきりにするのではなく、授業で話しているどのような内容にも、彼らを使って、意味と音のパターンを生徒の耳に刻ませましょう。大方のＡＬＴは、生徒と楽しく雑談するはずです。これを奨励しましょう。きっと生徒は、英語の勉強をしているとさえ思わないでしょうが、実際のところ、こういった雑談こそが、流暢さを育てるための基本となるのです。

あなたはまた、歌手がやるように自分で訓練を積むことができます。あるひとつの歌や詩について、完璧な発音を磨くのです。生徒にも、このテクニックを使って、完璧な発音が身につくまで、歌や詩を覚えさせることができます。こうやって覚えたものは生徒たちにとって、一生の手本になることでしょう。

ＤＶＤやＣＤも、ネイティブのような発音を身につけるのに役立ちます。とはいえ、その目的は、英語の発音に慣れ、発音を意味あるものにするためだということに留意してください。同じパッセージを何度も繰り返すほうが、異なるパッセージを数多く使うより有効です。

私がこの手紙を書いた目的は、みなさんが抱えている不安やストレスは、現状では当然のものだということを伝えたかったためです。この手紙には、英語指導における新たな要求に取り組むためのヒントもいくつか盛り込みました。

変わりつつある状況に、みなさんがうまく対応できるよう、心から願っております。

〝実践的言語学者〟マーシャル・Ｒ・チャイルズより

日本人の教師は英語を話す自信がなく、生徒を導くためのイディオムや語用論的アクションもレパートリーの中に充分にあるとは言えないかもしれないが、彼らには生徒を大きく助ける材料を選ぶ力がある。次からのセクションでは、役に立つ材料やアプローチについて説明しよう。

D　英語教育の実際

英語習得の秘密とは、全く秘密がないということだ。習得するには、英語に触れて経験を積むしかない。最も素朴なものから最ももてはやされているものまで、どんな英語習得方法にも、ある程度の効果はある。とはいえ、効果のレベルがほかより高い学習方法というものも確かに存在する。

脳の活動の面から見た言語学習とは、その言語への神経回路網を築きあげるプロセスだ。この回路網を築く唯一の方法は練習を積むことで、最良の練習とは、途切れがちではないもの——すなわち、翻訳するためや辞書を引くために立ち止まったりしないものである。そうするための最もよい方法は、回路網を常に作動させ続けることだ。すべて英語の音とリズムの範囲内にあるものであれば、素材は初歩的なものでもかまわない。回路網が強化されるにつれ、あることを表現する新しい方法や、すでに知られている表現の新たなニュアンスは自動的に築きあげられてゆく。

1　借用語の最大活用

嘆き声はほぼ反射的に発せられる——英語と日本語はあまりにも違うので、一方の言葉を話す者が他方を学ぶことはとても難しい、と。音については、この嘆きには一抹の真実がある。けれども単語に関して言えば、実際には二つの言語には大きく重なるところがあり、この事実を活用することは大きな強みになる。

私が言っているのは、もちろん「外来語」のことである。英語から日本語に入ってきた、いわゆる「借用語」だ（厳密に言えば、これは〝借用〟というより、〝養子〟と言ったほうがふさわしい）。日本人は外来語を知りながら育つ。けれども、それを英語で使うことができることは（少なくとも最初は）知らない。

たとえば、私の娘、奈美は、九歳になったとき、私に、「コンピュータ」は英語で何と言うのかと訊ねてきた。私は娘にグッドニュースを伝えた。日本語と同じだよ、もちろん、発音に英語のひねりを加えなければならないけれどもね、と。

アメリカ、ライス大学の柴谷方良《しばたにまさよし》教授は、一九九〇年に出版した著書『The Languages of Japan』*一のなかで、日本語における借用語は、取り入れられるのも消え去るのも早く、日本語に〝強固に定着したもの〟だけが辞書に採用される、と書いた。

---

*一　Shibatani, M. (1990). The languages of Japan (pp.142-145). Cambridge: Cambridge University Press.

柴谷教授は、一八五九年に一・四％しか日本語の辞書に掲載されていなかった外来語が、現在の日本語辞書では十％ほどをも占めるようになったと推定している。外来語すべてが英語から来ているわけではないが、日本で英語を学ぶ生徒を充分支援できるだけの数は存在している。

龍谷大学准教授のフランク・E・ドールトン博士[*一]は、日本語における英語由来の借用語について詳細な研究を行った。その結果、英語において最も良く使われている二千語のうちの三十八％までもが日本語でも使われていると判明した。同じことは、大学レベルの研究で最も有用であるとされる八百語の英単語のうちの二百語についてもあてはまった。

ドールトン博士がテストに使用したのは、旺文社の英和中辞典で「中学レベル」、「高校レベル」、「大学レベル」に分類されている英単語だった。テストは二種類あり、最初のものは借用語になっている英単語のテスト、二つめは旺文社の辞書で同じレベルのものと分類されているが日本語に借用語として取り込まれていない単語についてのものだった。テストを受ける生徒は、この二種類の違いについては知らされなかった。

中学生のテスト結果は、借用語のほうが、非借用語のものよりわずかに良いだけだったが、高校生と大学生は、それぞれの該当レベルにおいて、借用語のほうの成績が非借用語より飛びぬけてよかった。それだけでなく、ドールトン博士によると「多くの生徒は、二番目のテストがずっと難しいとうめき声をあげた」そうである。

＊一　Daulton, Frank E. (1999). English loanwords in Japanese – The built-in lexicon. The Internet TESL Journal, 5. この論文は、次のＵＲＬで読むことができる。http://iteslj.org

博士の結論は、すでに身についている借用語という資源について、生徒たちに気づかせることが必要だというものだった。さらに博士は、元の英単語と借用語との間にある意味、ニュアンス、発音の違いは、英語学習の焦点としても活用できると結論付けた。

a　授業での経験

私は「語彙と読解」のクラスで、借用語を教えてみることにした。このクラスは、大学の学部に進学するための英語集中プログラムである。まず、黒板に“department store”“apartment”“street”というような単語を書いた。日本語に適応した際の音韻的変化（たとえば、“department store”が“デパート”になること）については触れなかった。生徒には、個々の単語やフレーズについて、私のあとについて三回発音を繰り返させ、その間私は、手を上げ下げして、音の高低やストレスのパターンを示した。

ほどなくして私は、より長いフレーズを組み立てていることに気がついた。“mountain”と“bike”という個々の単語から、“mountain bike”へ、そして“I ride my mountain bike.”へという具合に。組み合わせの長さと複雑さが増すにつれ、私は二つの事実を発見した。まず、生徒は、より長く、より入り組んだ発音について来ることができる、ということだ。二つめは、このプロセスを生徒たちが楽しんでいたことである。ある生徒が私に聞いてきた。「なぜ、日本語の“外来語”という言葉を、そのまま英語にして使っているのですか？　これにあたる英語はないのですか？」と。私は、英語には“loan word”という言葉があるが、私には「ガイライゴ」のほうがより正確な言い方に思えるからだ、と答えた。

こうした反応を得て、"restaurant""bar""coffee shop"という言葉を使って次のような文を作ることに自信が出てきた。"Let's go to a sushi restaurant.""What is a snack bar?""Is this a café or a bar?""What is the difference between a bar and a lounge?""A lounge is a high-class bar."など。

こののち、ある生徒が手を挙げた。「ラウンジというのは大学の建物にあるものなのではないですか？〝学生ラウンジ〟みたいに」と。この質問により"lounge"という語が持つ意味の範囲とニュアンスについてディスカッションを行う機会が生まれた。こういった知識は、生徒にとって、質問しさえすれば、すぐに身につく種類のものだ。

反論もある。〝ニホンゴ英語〟の使用を生徒に許すことは、嘆かわしいカタカナ発音への門戸を開くようなものだと。けれども私は、生徒の発音が劣化するようなことは経験していない。それどころか、日本人の生徒は、借用語の元の英語のリズムやストレスや発音を、かなり容易に英語の文脈に取り込んでいるように見える。

私は、高校時代のフランス語の授業を思い出した。その授業で、私たち生徒たちは、フランス語からの借用語をフランスなまりで練習することに、ほとんど〝みだら〟とさえ言えるような愉しみを見出したものだった。たとえば、こんなふうに。"Nudité"《ヌーディテ》（裸）、"impropriété!"《アンプロプリエテ》（不適切！）、"C'est horrible!"《セトリーブル》（恐ろしい！）マキニー先生は、見て見ぬふりをして、私たちがふざけるにまかせた。

b　生徒の反応

日本人の学生たちが外来語の授業についてどう感じたか確かめるために、私は無記名のアンケートを実施した。その結果、十一名の学生が回答を寄せ、そのほとんどの者が外来語を使った授業をするのは有益だと答えたが、三名の学生の回答は否定的だった。その一人の答えは「あまり（役に立たない）。何のためにやるのかわからない」というものだった。この意見を目にしたとき、私は、どういった面で役立つのか説明しないまま、学生たちに外来語を押し付けていたことに気がついた。

そこで、アンケート結果をフィードバックするときに、外来語が有益であると私が考える理由を次のように説明した。第一に私は、学生たちが、試験に合格するために暗記する知識ではなく、英語のスキルを伸ばしたがっていると考えたから、この試みを行ったのだと。とはいえ実のところ、スキルを磨くことこそ、試験に合格するための最善の道なのだ。第二の理由としては、すでに具えている知識を使うことは効率がよいからだと伝えた。必要なのは、それを活性化させ、英語のコミュニケーションにおける妥当性を認識することだけだ。つまり、外来語を通して英語を学ぶことは、効率的かつ迅速なだけでなく、学生が試験に合格することも支援できるのである。

私は学生たちに、外来語を使って勉強することについて、その有益さについて評価するよう求めた。最も多く選ばれた選択肢は「英語の語彙が楽に増やせる」というものだった。二番目に多かったのは「日本語になっている言葉の英語の意味が学べる」というもの。これに近接していた三位は「英語の発音が練習できる」というものだった。私は、発音に関する利点は、三位より上位にくるべきものだと思う。というのは、言葉を迅速に思い出して口にできるようにするのは、流れ、すなわち音の記憶だからだ。

十一名の学生のうち七名は、外来語を学ぶ方法は、教師のあとに続いて繰り返すのが最もよいと答えた。「外来語はどのように学ぶのが最善か」という問いに対しては、「ひとまとまりの単語、または文によって」という選択肢を選んだ学生が二名、「一度に一個の単語と、ひとまとまりの単語を組み合わせたものの両方」が四名、そして「一度に一個の単語によって」を選んだ学生が四名いた。

これはちょっとした調査に過ぎないため、統計学的な有意性があるとはとても言えないが、私は、学生が明らかに単語を個々にではなく、まとまりとして学ぶほうを好むことに驚いた。私たちのほとんどが語彙とは一度に一個ずつ単語を取りだすもので構成されていると思っていたのは、それほど前のことではない。今では、学生たちより進んでいるわけではないかもしれないが、私たちはマルチワードユニット（ＭＷＵ）＊一に実利的な価値をいよいよ見出している。

私は今まで、教室の壁を壊して英語を教室内にもたらし、学生たちに教室を超えて外を見るように促すことが望ましいと折に触れ書いてきた。借用語は、壁を壊すことにおいて、ことさら個人的な機会を学生にもたらす――学生の心にある壁を壊してくれるのだ。借用語に注意を払うことは、学生自身の頭の中にある語彙の水平線を広げ、語彙の意味、ニュアンス、発音を自分のものとして取り入れさせるのに役立つ。こうして覚えたものは、継続的に発展を続ける生徒自身の英語習得の一部として身につくはずだ。

＊一 〔訳注〕第一部、D-3のセクション参照

2　空所補充法は包括的な言語体験

流暢な英語は、渓流のように流れる。急なときも、ゆったり流れるときもあるし、轟音を響かせるときや、静かに流れるときもある。このような話し方をするには——さらには、英語の流れを理解するには——分析するのではなく、感じとることが必要だ。もし、文や流れに対する全身の感覚がある人なら、感じ取ることは可能だろう。もしそういった感覚がなければ、ステップバイステップでルールをあてはめることもできなくはないが、その結果は常に、成功の高揚感ではなく失敗のいらだちをもたらすことになる。

私の「語彙と読解」クラスは、通常の大学の講義に参加するための英語力が不足している学生のためのものだ。彼らに欠けているのは、英語の流れとよどみの感覚である。とはいえ、学生たちの英語力は目標にかなり近いところにあるので、流れに身を委ねることができるようになれば、迅速な向上が期待できる。

教員室にいる私たちのなかには、英語全体の流れをつかむ手段として、空所補充法（cloze《クローズ・》 exercise《エクササイズ》）に関心を持ち始めている者がいる。空所補充問題とは、ふつう七語めか八語めの単語が空欄になっているパッセージで、学生は空欄の単語を類推して埋めることになる。

言語とは余剰性が具わっているものだから、英語の流れの感覚があれば、ほとんどの単語は類推できる。空欄には、端的に類推できるもの——当てはまる単語がひとつしかないもの——もあるが、当然のことに、あてはまる単語がいくつもある場合もある。そういったときには、そのパッセージの叙法とメッセージに最も適したものを選ばなければならない。
次に示すのは、大学の入学試験に使った空所補充問題のテキストだ。英語のネイティブスピーカーなら、二十五か所の空欄をすぐに埋めることができるだろう。けれども、英語学習者の結果はさまざまだ。

a　Happy-Face Marathoner

On September 24, 2000, Naoko Takahashi slept late. Then, listening to J Pop singer hitomi on her earphones "to feel upbeat and energized" and wearing sunglasses, she faced the starting line of the Olympic marathon in Sydney.

It was a warm _____ in Sydney, too warm for a fast _____. The course was not flat; instead _____ were many ups and downs. The world's _____ runners were in the race, among them Lidia Simon _____ Romania.

At first, Takahashi and the two other Japanese _____ stayed behind the leaders. Takahashi ran with _____ usual style. Her left foot pointed outward _____ her right hand seemed to wave to _____ spectators.

After 17 kilometers, Takahashi _____ to run faster. Only Simon _____ stay with her. Takahashi and Simon ran _____ by side until the 35-kilometer mark. _____'s face was relaxed. She said later that _____ felt really happy to run together_____ Simon. Simon, who had trouble running so _____, did not look relaxed.

Around the 35-______ mark there were some really difficult hills. At ______ point, Takahashi removed her sunglasses and began to ______ even faster. She said later that taking ______ her sunglasses made the world look different. In ______ new world, she ran away from Simon. Soon ______ was 30 seconds ahead. Then Takahashi ______ by herself, enjoying the warm day and ______ people along the course. She won the ______ with a big smile on her face. *一

これは典型的な空所補充問題のパッセージである。最初の数行は、状況を提示するために空欄はもうけない。そのあとの文章は、一定のパターンに従って空欄がもうけられている。この例では原則的に、八語めに現れる単語を空欄にした。ただし、そうすることにより文章が不自然に難しくなる場合は、そのそばにある単語を空欄にした。機械的に空欄を設けるのではなく、判断を加味して問題を作成する方法は、空所補充問題のエキスパートであるハワイ大学のJ・D・ブラウン*二により、"tailored cloze"と名付けられている。

---

*一 〔訳注〕 空所補充問題の解答例と訳例については、巻末参照

*二 Brown, J. D. (1988). Tailored cloze: Improved with classical item analysis techniques. Language Testing, 5, 19-31. 空所補充テクニックで問題を作成する人の多くは、機械的にN番目の単語を空欄にするが、ブラウンは、テスト結果を意味のあるものにし、生徒にとってあまり困難すぎないようにするため、空所補充問題作成者は、単語に少し操作を加えるようにと提案した。

空欄を単語で埋めるには、その単語が適切かどうかを感じとらなければならない。コンピュータなら、品詞は何でなければならないか、文中の機能は何か、叙法は、態は、時制は、格は、数は、性は……と順にチェックしてゆくことだろう。けれども人間の場合は、ピン、ときて、話が進められるものを単に選ぶだけだ。

空所補充法は、W・L・テイラーによって一九五三年に開発された*1。パッセージの読みやすさを総合的に図る手段として、空所補充法はかなりうまく機能するが、抜きんでて大きな活用法は、読者の能力が測れることだろう。とはいえ、それはいったいどんな能力だというのか、と読者の方は思われるかもしれない。そもそも、空所補充は、言語能力のどのような局面を引き出すのかは、はっきりしないじゃないか。それは、文法力なのか？　あるいは、語彙力、文レベルのパターン、それとも文レベルを超えたパターンなのか、と。私の答えは、〝それらすべて〟だ。空所補充は、心の耳に作用して言語を引き出すものなのだ。

b　授業に応用できる空所補充法

*1　Taylor, W. L. (1953). Cloze procedure: A new tool for measuring readability. Journalism Quarterly, 30, 414-438. テイラーはジャーナリズムの教授で、ゲシュタルト心理学に関心があった。彼はcloze（空所補充問題）は、読み手が空欄を埋めるために〝閉合（closure）〟を達成することが必要であるため、文章の読解力を図るための手段になると考えた。〝close〟という用語は、その音においても意味においても曖昧だが【訳注／発音は、クロースにもクローズにもなり、意味も「近い」という意味と「閉じる」になる可能性がある】、〝cloze〟には〝z〟があるために「クローズ」と発音され、意味についてもとり違えようがない。

空所補充パッセージの用途は、テストに限られない。全般的な言語能力の指導にも利用することができる。そもそも、欠けている言葉を探そうとするとき、解き手は、パッセージの構築に参加することになる。そうするためには、作者とともにパッセージを作成できるレベルにまで、文のリズムに身を任せなければならない。パッセージは、学習者が作者と共に意味を構築するための足場の役割を果たす。

授業を通して、私は、非常にやさしい文を使うこと、そして長さも、空欄が十五か所ほどになるものにすべきであることを見出した（前掲の高橋選手に関するパッセージには空欄が二十五か所あるが、これは授業で使うには長すぎる）。私は空所補充問題を、段階別読本である Oxford Bookworms シリーズから選んだパッセージを使って作成した。そのなかには、約四百語の語彙で書かれた『Pocahontas（ポカホンタス）』や約七百語の語彙レベルの『Anne of Green Gables（赤毛のアン）』もある。

空欄には、端的な単語（たとえば、"the" や "to" や "is" など）を入れる必要がある場合もあるが、さまざまな単語が入れられることもあり、生徒は好みに応じて、好きな言葉を選ぶことができる。これが面白いところだ。最近授業で取り上げたポカホンタスのパッセージは、彼女が一六一六年にロンドンに出向いたところだった。その一部を次にあげる。

London was very noisy and ______. Pocahontas was interested in everything. She went ______ shops, looked at books, and tried on ______.

（解答例については巻末参照）

二番目の空欄には、"inside"あるいは"into"を入れるのが妥当だろう。けれども、最初と最後の空欄には自由な言葉が入れられることを感じ取った生徒たちは、ロンドンを説明する言葉や、ポカホンタスが試着してみたものについて考える作業を愉しんだ（生徒がクスクス笑って、何を考え付いたのか教えてくれなかったこともあったが、それが英語の単語だったことは確かだ）。生徒にはグループで作業させ、作った文を音読するように指示した。私は、グループの間を歩き、"More noise! There's not enough noise in here!"（もっと話し合って！　雑音が少なすぎるぞ！）と叫んで回った。五分ぐらい後に、私はパッセージを音読し、空欄のところで止まって、補充する単語を生徒に言わせた。

この試みで生徒が手にするのは、新たな語彙ではもちろんない。語彙については、他の方法で学ぶ。そうではなく、生徒たちは、文法規則に関する説明を何も受けずに、英語の長いリズムや構文パターンの感覚を身につけることができるのだ。生徒たちは、句読点を利用して文を理解し、音読を行うセンスを身につける。そして、引用文や間接話法の取り扱いなどにも注意を払うようになるだろう。

生徒たちは、どの会話も"Pocahontas said"や"John Smith said"といった句ではじめたら、とても退屈なものになってしまうという私の意見にうなずく。彼らは、"he said"や"she said"といった会話文を区切るト書きを、あるリズムを持つように変化させて挿入することを通し、文体のセンスを磨くのだ。たとえば、次の例がそれである。

"Hurt?" Pocahontas ＿＿＿＿. "Is John Smith hurt?"

“Yes,” said the man. ＿＿＿＿ was an explosion.”（解答例については巻末参照）

“she said” あるいは “said he” といった語句を挟むことによって登場人物の会話を区切るような例は、生徒たちにとって、それまで気づいていなかったけれども、知ると面白く思えるもののようだ。ここで紹介したのはほんの一例にすぎないが、空所補充テキストの共同作成者になることを通して身につけることができる文体のきまりやトリックは、いくつもある。

前述したとおり、言語は心の耳の中に住んでいる。私たちの役目は、生徒がそれを見つけることができるように支援することだ。パッセージの空所補充は、この目的を促進してくれる。

3　学習能力のピーク期間

マラソンランナーの間に広く受け入れられている考えがある。ランナーそれぞれには、成績がピークに達する数年の期間があるというのがそれだ。この期間に、ランナーは、かつてなかったレベルにまで進歩する。ランナーにとって、これは持続する爽快な体験だ。

この考えによると、ピーク時期は何歳になっても訪れる。私のピークは三十八歳から四十一歳までの四年間で、その期間に中の下から中の上のレベルにまで達し、マラソンの成績を五十分ほど短縮することができた。当時はＩＢＭに毎日勤務していたのだが、ほとんどの精神的エネルギーは走ることに費やしていた。一度も優勝したことはなかったものの、この短く刺激的な数年間、私はニューヨーク周辺で行われた年齢別ロードレースやトレイルレースの先鋭的な競技者だった。

天性の才能に恵まれたランナーは、単なる優秀なランナーから、世界最高のランナーにまで登りつめる。日本のマラソン選手、高橋尚子の活躍は、一九九八年三月の名古屋国際女子マラソンに始まり、一九九八年十二月のバンコク・アジア大会と二〇〇〇年シドニー・オリンピックでの目覚ましい優勝を経て、二〇〇一年ベルリンでの世界最高記録の樹立によって頂点に達した。ベルリンでは、二時間二十分を切った世界最初の女性になった。この一連の前進は、高橋選手の人生の二十五歳から二十九歳までの三年半を占め、世界最高レベルにおけるピーク時の活躍というものを例証することになった。

持続するピーク・パフォーマンスの例は、スポーツだけでなく、知的分野でも見ることができる。物理学者のアルベルト・アインシュタイン（一八七九―一九五五）は、私たちの宇宙を見る目を一変させたが、彼は一九〇五年の〝奇跡の年〟に、あの有名な式、$e=mc^2$ を導き出した特殊相対性理論や光量子仮説をはじめとして、全く新しい理論を提唱する一連の論文を立て続けに発表したのだった。

心理学者のアブラハム・マズロー（Abraham Maslow: 一九〇八―一九七〇）は、ピーク・パフォーマンスにまつわる感情について書いている。「自己実現の欲求」というマズローの概念には、活動に参加する個人的能力、パフォーマンスを向上させる個人的能力、外からの見返りをあてにせずにプロセスを愉しむことができる個人的能力が含まれている。ピーク・パフォーマンスが持続している期間には、人々は自主的に行動する傾向があり、自らの感じ方や見識によって自分自身を導くという。

a　持続する学習能力のピーク

ピーク・パフォーマンス期間の概念は、言語学習にもあてはまる。言語習得に成功した人は、集中して言語学習に打ち込んだ期間があり、その間は、非常にやる気が出て、顕著な向上を果たすことができたとよく報告している。

カリフォルニア大学ロサンゼルス校のジョン・H・シューマン教授（John H. Schumann）は、「情意フィルター仮説*一」という単純すぎる概念を改良するため、彼が〝刺激評価〟と名付けたものについて研究を行った。そして、一九九七年に出版した著書『The neurobiology of affect in language』の中で、脳内で生じる刺激評価は、単に何かを好んだり嫌悪したりするだけでなく、「新奇さ、心地よさ、目標／必要性の重要度、対処メカニズム、自己および社会的イメージ」に関しても詳細なチェックを行っているのだと書いた。

シューマン教授が提起した実際的なアドバイスは、この「持続的深層学習」（SDL: Sustained Deep Learning）の期間を楽しめるように、語学を学ぶ生徒たちを促すべきだというもので、言語を身につけるには、この期間が数年続くことが必要だという。シューマンはＳＤＬを自己支援周期として定義し、それには、刺激評価、刺激に対する認知活動、成功の評価、原因帰属、感情が含まれるとした。

ギアをＳＤＬにシフトするには、二つの要因が重要であると思われる。まずひとつは、何を

＊一［訳注］　学習を阻む心理的障壁

どのように学ぶかについて自己管理を行うことで、もうひとつは、自分の進捗状況の正確な把握である。自己管理は、ほとんどの学生が行っていないことで、おそらく、その必要性を考えることすらしていないだろう。私たちは、自分に具わっている力について理解するよう学生を支援し、自己責任を育むための道筋をつけてあげなければならない。このプロセスについて論文を書いている人はほかにもおり、私自身も一回分のコラムをこのトピックに充てたことがある（"Students, learn English by taking control" 二〇〇〇年八月二十八日付『Daily Yomiuri』紙）。

ＳＤＬにおいて二番目に重要となるのは、上記したように、進捗状況が頻繁に測定できる能力を手にすることである。数値で結果が現れるような測定法が最も望ましいものの、言語学習の進捗状況を正確な数値で表すことはむずかしい。ダイエット中の人や、毎年十キロレースを何度も走るような人は、進捗状況を数値で測定するのがぴったりだろう。けれども言語学習においては、短期間における上達を測定する方法はこれほど簡単ではなく、その方法に関して書かれたものもほとんどない。

言語学習は砂漠の中をハイキングするようなものだ。あらゆることが困難で、すべてが異なって見え、ゴールに近づいているかどうかもまったくわからない。上達感の欠如は、言語学習プログラムにおいて比較的見過ごされがちな問題だ。学校の外国語の授業に生徒がやる気を出さないことがよく問題になるが、その原因の一部は、生徒自身が言語を話すことにおける自分の上達度を把握できないことにあるのかもしれない。

b　短期間における上達の測定

理想的な世界だったら、上達度を鉄道の距離標のように正確に測定して生徒たちに示すことができるだろう。けれどもこれは実際には無理な話だ。TOEIC（Test of English for International Communication）のような国際的な英語能力テストも、一学期の上達を図るには精度に欠ける。では、私たちはどうしたらよいのだろう？　ここで、数年間ではなく数か月間の上達を測定するための実際的なヒントをいくつか紹介したい。

全般的な目標は、言語を効果的に活用することにおける上達度を生徒が頻繁に測定できるようにすることだ。主観的な測定も客観的な測定も可能である。生徒に考えや活動について記録をつけさせることにより上達度を知らせる主観的な方法はいくつかある。おそらく教師にとって最も簡便な方法は、毎回授業の最後の三〜五分を割いて、その日気付いたことや、やったことについて英語で日誌を書かせるというものだ。累積された記録によって、生徒たちはふり返る機会を手にし、実際にかなりのことを学んできたと感じ取ることができるだろう。

これより手の込んだ客観的な記録は、生徒たちにポートフォリオ[*一]を整えさせることだ。このポートフォリオには、ふつう、テスト結果や作文などを入れるが、図や写真、手紙、電子メールを始め、捨てるにはもったいないが分類しようがない雑多なものも入れることができる。生徒たちにとって、ポートフォリオを点検することは、自分の上達度を目にすることができる確かな手段になるだろう。

客観的な上達度測定の手段には、定量化することと反復が可能なものすべてが含まれる。残

＊一［訳注］自分の業績を集めた作品集

念ながら、たとえばひとつの学期内といった短期間におけるゆっくりとした着実な進歩を測る総合的な言語能力測定手段は、私が知るかぎり見当たらない。とはいえ、言語能力のいくつかの局面を測定することは可能だ。

私が担当している授業に、エドワード・スパーゴ（Edward Spargo）が一九八九年に出版した『Timed Readings』の中から四百語のパッセージを読むものがある。生徒は質問に答え、読解にかかった時間と、正答数を記録する。一学期を終える頃には、生徒は読解のスピードが向上したこと、そしておそらく、理解度の点数向上も見てとることができる。

生徒たちが広範囲なリーディングを行っている授業では、読んだページ数を記録すること、そしてもし本が段階別のものであれば、語彙レベルごとの読書ページ数を記録するのがごく自然な測定方法になるだろう。これは学習の進捗度を測る直接的な手段ではないが、生徒は読み終えたページ数によって、いくらかの達成感を手にすることができる。

もうひとつの客観的な測定方法は、電子メールで送受信したテキストの語数（またはバイト数や行数）を測るものだ。パソコンを使って、生徒は月ごとに送受信したコミュニケーションの量を測る。個人的なメッセージの受信量を測るのも効果的だ。メールを送ってもらうためには、相手に興味を持たせなければならないから、これは効果的なパーソナル・コミュニケーションの上達度を図る手段になる。

逆に、上達度が〝測れない〟手段の例は、私のクラスの社会人学生がやったことだ。彼はＴＯＥＩＣを年間六回受けるのを習慣にしていて、六年間受け続けたＴＯＥＩＣスコアのグラフを私に見せた。問題は、テストとテストの間に上がったはずの彼の上達度よりもこのテストの不正確さのほうが大きかったことにある。そのグラフが示していたのは、むやみに上がり下がりする気のふれたようなジグザグで、かろうじて全体的に見たときに、六年間を通じてゆるやかな上がり調子の勾配がうかがわれることでしかなかった。

学生の長期的な記録を見れば、全体的な傾向はわかる。六年間英語を勉強し続けたこの学生は、ＴＯＥＩＣスコア五百点台から七百点台まで成績を伸ばしていた。けれども、この傾向は、六年間に三〜四回テストを受けただけでもわかったはずだ。三十〜四十回も試験を受け続けたことがもたらした結果は、テストによるわずかな上達と、支払いすぎた受験料だけだった。

E　信じることが生み出す風潮

人は何かを達成することができると信じたとき、おそらくそれを達成することができるだろう。けれども、達成できないと信じれば、それが成功する蓋然性は非常に低くなる。行為における信念の影響は、その行為がふだんの脳の働きをいくらか変えることを要求するようなものであったときに、とりわけ大きくなる。この影響が顕著に表れたのは、バラク・オバマ大統領が選出されることになった二〇〇八年のアメリカ合衆国大統領選挙だった。オバマ大統領のスローガン“Yes, we can!”は、世間を風靡するスローガンになった。

1　言語における“can do”の姿勢

第一部では、日本人の英語能力が乏しい理由は、外国の影響を防ごうとする鎖国政策にあるという可能性について検討した。そして私は、日本人の英語運用能力の低さは、政府の政策というよりも、“自己成就の予言”――すなわち、英語は難しく、日本人が学ぶには危険な言語かもしれないという思い込み――の結果だと結論付けた。

ここで私は、自己成就の予言が逆の方向に働き、あらゆる住民の多言語使用を支えている事例を紹介したい。それは南米大陸にある社会だ。

アマゾン渓谷上流地域にあるバウペス川は、コロンビアとブラジルにまたがって、日本の面積と同じくらいの地域から水を集めている。幅三百メートルにもなる急流のバウペス川は、そこから東に千キロ流れてリオ・ネグロ川に合流してから、最終的にアマゾン川に注ぐ。バウペス地域にはおよそ一万人の人々が暮らしている（これは水稲栽培がまだ行われていなかった縄文時代末期の日本の総人口に匹敵する）。

バウペスの人々の文化を説明するにあたっては、言語人類学者のアーサー・ソレンセンの研究を引用させてもらうことにする。ソレンセンは同地域に何年も暮らし、そこに住む人々の多言語文化に関する研究論文を『American Anthropologist』に寄稿した＊一。文化人類学の伝統に

＊一　Sorensen, A. P., Jr. (1967). Multilingualism in the Northwest Amazon. American Anthropologist, 69,

のっとり、私はここでバウペスの人々のことを現在形で記述することにする（民族誌的現在時制）。とはいえ、そこの人々と言語は、木材伐採者や農民、伝道師をはじめとする〝文明〟を運んでくる者たちの侵入によって失われかけていることは明らかだ。

a　バウペス地域の多言語使用形態

バウペス地域に住む人々は単一の共通文化と経済を持ち、頻繁に交流しあっている。ところがそこには、四種類の語族に分類される約二十五種類もの言語があるのだ。地域の住民にとって、最低三〜四種類の言葉を話すというのは、ごくあたり前のことなのである。

バウペスの人々はバウペス川とその支流に沿い、数多くの小さな村に分かれて暮らしている。政治的・儀式的なつながりの構成単位は〝ロングハウス〟だ。ひとつの部族には通常、複数のロングハウスがあり、それぞれの部族は漕いで数時間かかる距離で隔てられている。

ロングハウスとは、文字通り長い家屋のことだ。けれどもそれは単なる建物以上のものである。緊密な共同体なのだ。ロングハウスの中で、各家庭は独自のスペースを持ち、共同体の暮らしは、だれの目にも耳にも明らかな形で繰り広げられる（日本でこのような暮らしが最もよく理解できる人は、地震や災害の被災者として体育館に暮らした経験を持つ方々だろう。体育館では、近くの一家のできごとや言葉に気付かないほうがむずかしい。そして、もちろん子供たちは、あらゆることを吸収する）。

670-684.

ロングハウスには、男たちを通じて継承されてきた部族独自の言語がある。婚姻に関する掟により、男性が妻にできるのは他部族の女性だけだ。異なる部族は異なる言語を意味する。その結果、どのロングハウスにも、複数の言語が存在することになる――父親たちの言語と、数種類の母親たちの言語だ。

子供たちは、父親と母親の言語を話しながら育つ。この組み合わせに、付近で話されている言語が加わる。同じ部族からきた母親のグループは、当然のことに、子供の目の前で自分たちの部族の言葉を話す。子供たちは、さまざまな言語に興味を持つよう促される。そしてすべての人がトゥカノ語を覚える。というのは、地域全体で使われている唯一の共通言語が、トゥカノ語だからだ（ついでに言えば、トゥカノ語は非常に複雑な声調言語である）。

バウペスの人々は旅人だ。若者は旅をして花嫁を探す。家族は旅をして親戚を訪ねる。そしてみな、単に愉しむために旅をする。歓待の習慣は徹底していて、どのような旅人でもロングハウスに泊まることができる。ここに愉しみが始まるのだ。

ロングハウスの中に入るとき、旅人はおきまりの順序でおきまりの内容のスピーチをする。まず、そこに到着したことを宣言し、川の上流から来たか、それとも下流から来たか、何という名前のところから来たかを伝える。次に、何日旅してきたか、父親、母親、兄弟、姉妹の名は何か、そして肉親が元気で暮らしているかどうかを話す。あらかじめ決められた順序と内容で情報が伝えられるため、聞き手は旅人の言語について的を絞ることができる。

一日の仕事が終わった夕方、男性たちが輪を作って座るようなフォーマルな集まりでは、旅人は、故郷の言葉で話すよう促される。もしその場にいる人で、この言葉を解さないものがいる場合、旅人の言葉は、ログハウスの言葉で丸ごと繰り返される。夜がふけて会話がよりインフォーマルになるにつれ、もし旅人がそのログハウスの言葉を知っていれば、その言葉を使って話しだすこともある。

各言語は、たとえ密接な関連を持っていても、それぞれ慎重に隔てられて守られている。各言語に共通するダジャレのようなものもないし、ひとつの言語から他の言語に会話の中で切り替えるような習慣もない。言語は、それ自体が存在意義を持つもので、外の影響を受けずに育まれている。もしかしたら、それぞれの言語は、新しい世界観を持つ新たな詩人のようなものとして受け取られているのかもしれない。

バウペスの人々は、生涯にわたって新しい言語を学ぶことは、ごくふつうのことだとみなしている。もちろん、それは段階を追って行われる。前述したように、子供たちはロングハウスの中で、二種類または三種類の言語を自動的に身につける。それと同時に、積極的に学んでいるわけではないにしても、それ以外の二、三の言語も耳にしている。ソレンセンは「彼らは思春期を過ごすにつれ、積極的かつ、ほぼ唐突に、このような追加の言語を話し出す」ことに気付いた。（教育行政担当者や理論家の方々には、思春期における言語学習の爆発的活性化を示唆するこの部分に留意していただきたい！）

バウペスの人々は通常、成年期を通して使用言語を増やしてゆく。そしてついに老齢期にさしかかると、自分の知っている言語の知識を完成させることに努力を払う。

b　大人の言語学習

ご推察のとおり、バウペスの大人の言語学習は、基礎固めから始まる。音韻論的特性は非常に多岐にわたっているため、新たな言語の学習者は典型的に、まず音声を集中して学ぶことから始める。次に、通常、仲間グループのなかで、フレーズや、活用形や派生形を含む単語のリストを学んでゆく。書かれたものは何もないので、こういった〝リスト〟は丸暗記される。新しい言語を流暢になるまで身につけるには、どの語族の言語でも、最低一～二年は必要だ。

新しい言語を話しはじめるのは、繊細な問題である。社会的状況は現実のものだから、不完全なスピーチによって相手を戸惑わせるわけにはいかない。バウペスの人々は「ときおり適切だと思われた状況下で新しい言葉を話そうと試みるが、もしよどみなく話せないとわかると、無理にそうしようとはしない」その言語に充分に精通するまで待つのだ（教師のみなさんには、この〝沈黙の期間〟が持つ重要性を、生徒たちについて考えてみてもらいたい）。

バウペスの人々は多言語使用を当然のこととみなし、言語の数を小石や魚のように数えたりはしない。「ふつう、自分が知っている言語の数を数えることはできず、その数を訊ねられること自体に当惑する」それは、いくつ踊り方を知っているかと問われるようなものなのだろう。

読者のみなさん、いくつもの新しい言語を陽気に身につけてゆくバウペスの人々の習慣を、自己成就の予言によって身動きがとれなくなっている日本の単一言語主義と、どうか比べてみてほしい！

もちろん、日本にはバウペスの人々が持つ強みはない。近代化された日本の社会では、家族はロングハウスのようなところに住んでいるわけではなく、それぞれ隔離されて家庭を営んでいる。子供たちはバウペスの人々よりずっと大人から隔絶されていて、大人の知識をすべて自然に吸収するという環境にはない。また、日本では、読み書きという壁があるため、言語の音声面に全エネルギーを傾注するわけにはいかない。そして、ほとんどの大人は、外国語を話す良い手本になることができない。

こういったハンディキャップがあるとはいえ、日本はバウペスの人々が行っていることを注意深く考察することにより、恩恵を得ることができるだろう。たとえハイテク社会に住んでいても、言語学習をより自然かつ、より不安を生じさせない方法で行うことは可能だ。

2　結局のところ、英語のどこがいいのか？

最近、英語教育について話し合う電子メール・グループに、物悲しい疑問が投稿された。ある日本人の英語教師が次のような質問を投稿したのだ。いったいなぜ日本で英語を教えるのだろう？　ストレスがたまり、多くの場合、失敗に終わる取り組みでしかないのに、と。この投稿者は、もし唯一の目的が生徒を入試に合格させるというものなら、英語学習には確かな意味も価値もほとんどない、と書いた。

このメール・グループは、通常は英語教育の方法と研究について話し合う場だ。そのため〝教える意味などあるのだろうか〟といった内省的な質問は、やや場違いな気がした。この質問は、インターネットが到来する前だったらほとんど注目を集めることもなかった、陰気な冬の時期に頭をもたげた疑念だったのかもしれない。実際、この電子メール・グループのメンバーの最初の反応は、ここはそんな質問を投稿する場所ではない、というものだった。イギリスの桂冠詩人アルフレッド・テニスンは『The Charge of Light Brigade（軽騎兵旅団の戦い）』という物語詩で、一八五四年にクリミア戦争で起きたバラクラヴァの戦いをこう謳っている。「彼らの務めは問うことではない、彼らの務めは従って死ぬことだ」（"Theirs not to question why, Theirs but to do and die"）.

a　道具的目標

「なぜ日本で英語を教えるのか」という疑問は、目標を明確にし、英語指導方法に光を投げかける一助になるのであれば、まったく不毛な疑問ではない。こういった議論は、目標を見極めようとする努力の中でよく持ち上がるものだ。英語習得は通常〝道具的目標〟であると説明される。つまり、英語運用力の習得は最終目標ではなく、それより高い目標を達成するための手段であると考えられているのだ。

外国人が英語学習に関する日本の議論を聞いて最も驚くのは、言語学習の目的が、個人を豊かにするものというより、国家への奉仕や日本人の国家的プライドといった面で語られることがとても多いことだ。英語を学ぶ理由は、外国人と話すときに、自分や国家が恥をかかないようにするため、とりわけ外交官や政府高官が外国の要人と対等に話せるようにするため、とよく言われる。そのため一部の人は、もしこういったことがゴールであるなら、すべての日本人が英語を学ぶ必要はないではないかと指摘する。

日本ゴルフ界をわかせているティーンエイジャー、石川遼氏は、ＵＳマスターズ・トーナメントに招待されて心を躍らせた。招待状は型押し模様のついた立派なもので、遼君はその文面をテレビカメラの前で読みあげた。彼の英語はかなりうまく、それを聞いた多くの人々は、遼君が英語をこのような機会で駆使したことを誇らしく思った。ここで、ちょっと考えてみたい。遼君が英語を学んだ目的は何だったのだろうか？　それは入学試験に合格することや、USマスターズ・トーナメントの招待状を読むことだったのだろうか？　おそらくは、そのいずれでもないだろう。私は遼君に会ったことはないが、おそらく彼は、英語を学んだ理由は人々とコミュニケーションをとるためだと答えるだろう。そういった機会はいつでも訪れる可能性があるのだからと。

もし英語学習の目的が、英語を単に道具として使うことにあるとしたら、そういった英語の指導方法は、英語に対するどのような純粋な興味も潰してしまうことになるだろう。現在、英語学習は二つの理由により、むずかしく、とっつきにくいものになっている。まずひとつは、中学校まで本格的に英語指導が始まらないこと。もうひとつは、丸暗記という形で教えられる場合があまりにも多いことだ。英語と日本語の音声の違いは、ほとんどのどんな言語の組み合わせより隔たっているため、本格的な英語指導を中学校まで遅らせることは、英語が決して身に付かないことを保証するようなものである。こういった状況下で、英語を丸暗記の形で教えたら（そのほうが、流暢さを教えることより簡単だが）、生徒は英語学習に退屈し、英語が嫌いになってしまう。

日本の学校教育カリキュラムにおける英語の地位とは何だろう？　なぜそれがその地位にあり、どんな実益をもたらしているのだろう？　こういった質問に答えるためには、ビジネス界のゼロベース予算編成（前年の予算をコピーするのではなく、予算がついていない状況を想定し、何がどのように必要なのかを見極めることを通して新たに予算を組むこと）という概念を借用して考えてみるといいかもしれない。学校における英語教育の場合、問うべきことは次のようになるだろう。もし学校で英語が教えられないことになったら、何が起こるだろうか？そうなった場合、それに気づく者がいるだろうか？

学校で英語を教えないけれども、依然として教育を道具的目標として掲げているような日本を想像してみよう。もし教育の目的が、単に学習のために取り組みがいのある知的素材を生徒に提供することにあり、そして生徒たちはそのテストによって将来の生活を決定することになるのだとすれば、英語よりもっとふさわしい教科がある。英語に代わるもっとも役に立つ教科として私が考え付くのは、国際時事問題の学習で、学習の重点を意見の形成とその表現を磨くことに置くというものだ。これは日本語で行うことができる。

英語という苦い薬を免除された生徒たちは、自分にとってより密接な関連性があり理解もしやすい国際問題のトピックを学ぶことをありがたく思うだろう。すでにそのほとんどが国際問題を日々追っているだろう教師たちも、わずかな再訓練で国際問題専門の教師に転身させることができる。そして新たな世代の高校卒業生たちは、知識と判断力を具えて、二十一世紀と向き合うことができるだろう。このような変化は生徒たちにも教師たちにも適したもので、見識のある先進諸国の一員としての日本の地位にも貢献する。

では、このシナリオのどこがおかしいのだろう？　そのこと自体は間違ってはいない。けれども、英語のない日本は今より中身の薄い国になってしまうだろう。英語という言語自体に、それがなくなったらさびしいと思わせる何かがあるのだ。だとしたら、英語の価値とはいったい何なのだろう?

b　自己充足の手段

自己犠牲が至高善とされている国では、自己充足という目標は見過ごされがちだ。とはいえ、ハイレベルの英語を極めた人たちは、言語能力だけでなく、総合的な理解力も向上したとよく言う。世情に長けるようになり、日本の事象に関する洞察力も深まったと。

ある年、私の住んでいたアメリカの小さな町の高校に新しいグランド管理人がやってきた。彼はラトビア出身で、教養のある人だったから三、四か国語を流暢に操ったが、あいにく英語はそのなかに入っていなかった。高校のグランドを毎日走っていた私は、彼と可能な限りの友情をはぐくんだ。彼は私にどんな外国語を学んでいるのかと訊ね、適切な英語を探すのに苦労しながら、こう言った。「人は知っている言語の数だけ、異なる世界を知っているんだよ」と。

これはすばらしい格言だ。世界を知ることとは、何かほかのことを成し遂げるために外国語を勉強するよりずっと重要なことだ。自分の住む世界と違う世界を知ることは、テストに合格することなどよりずっとよいことで、時事問題に通じていることなどより、ずっと深い知識だ。さらに、その価値は、年を取るごとに深まってゆく。若者は道具的目的のために何かを学ぶかもしれない。けれども、その人が年取るにつれ、道具的目的は薄れてゆき、そのこと自体が多くの意味で価値あるものになってゆくのだ。

私は十五歳のとき、ワシントン州にあった祖父の果樹園でひと夏を過ごしたが、それは祖父の習慣を目にするよい機会となった。祖父は日中を果樹園の管理に充て、使用人を監督したり詳細な記録をつけたりして過ごしていた。けれども夕食のあとは、果樹に自ら育つにまかせ、大事にしているラテン語やギリシア語の本を手にとって安楽椅子に身をうずめた（私は祖父の蔵書のなかに、カエサルやトゥキディデスがあったことを覚えている）。祖父はそれらを音読し、二千年にわたって歴史にこだましてきた言葉にふたたび声を与えていた。

十五歳の私は、二千年もたった古びた言葉で書かれた作品を読む祖父の行為に何の意味も見出せなかった。だが今では、若いころに他の世界に浸ることを学んだ者には、経験と理解がもたらされるということがわかる。

総合的な教育という考えは、日本ではあまりにも尊重されていない。その反対に、試験や資格のためといった狭い視野の教育が、人々の念頭を占めている。もしノーベル賞をとるための勉強のようなものがあるとすれば、日本人は大成功を収めるだろう。けれどもノーベル賞は真の創造力を要求するものだ。この創造力は、ゴールに向かって一直線に走ることからではなく、多くの世界を知ることによって育まれる。

もし英語が自己充足の手段として教えられるのであれば、道具的目標は副産物の地位に留まるだろう（だが、意識的に達成しようとした場合よりも、効率的に達成することができるだろう）。けれどもそうすれば、学習プロセスは教師と生徒双方にとって、もっと快適なものになるはずだ。教師は、自ら愉しんでいる英語の要素を生徒たちに伝えることができる。生徒は、自らの興味や好みを伸ばし、英語で読み、コミュニケーションをとるように励まされる。そして、強制的に行軍をおこなうようなカリキュラムは、個々の生徒の興味や能力のレベルに沿って教えることに置き換えることができる。

近代の歴史のなりゆきで、英語は世界の多くの扉を開く鍵となった。世界は多様だ——学術の世界、文化の世界（大衆文化を含む）、そして情報化を進める世界……。英語を学ぶことはオークの木を植えるようなものだ。生徒は短期的な目標のためではなく、一生涯にわたって自らを豊かにしてゆくために英語を学ぶべきなのである。

第三部　長期目標と可能性

A　言語とアイデンティティ

1　日本語の将来は？

オーストラリアの言語学者、R・M・W・ディクソン＊一は、著書『The Rise and Fall of Languages』のなかで、世界の言語の変化と消滅を克明に追った。ディクソンは高名な言語学者だったため、彼が導きだした次の結論はショックを持って受け取られた。「もし世界が現状のまま進むとしたら、『一か国に一言語』という状況でさえ、その終点にはならないかもしれない。グローバリゼーションはいよいよ勢いを増している……」ディクソンが下した評決は、次のようなものだった。

＊一　Dixon, R. M. W. (1997). The rise and fall of languages. Cambridge: Cambridge University Press.（邦訳は、R・M・W・ディクソン著『言語の興亡』大角翠訳、岩波新書、二〇〇一年）ディクソンはオーストラリアの諸言語が消滅する様子を観察して危惧感を抱き、本書を脱稿するやいなや、消滅寸前の言語を研究するため南米に赴いた。

もし現状が変わらなければ、現在私たちがいる言語的段階の究極的な結末とは、最も威信のある単一の世界言語だけが残るというものだ。そこまでいきつくには数百年間かかるだろう。だが、これこそ、私たちが今向かっている究極の状況なのである。

私はよく日本語の長期的な運命について考える。英語を教えている私たち教師は、日本語の終焉を助けているのだろうか？　教師たちはふつう、そうではないと答える。私たちは言語を取り去るのではなく、足しているると信じているからだ。それを裏付ける研究を引いてくることもできる。こういった研究は二言語使用の影響を数年間にわたって測定したもので、英語と日本語の二か国語使用は、日本人の生徒にとって、日本語能力だけでなく日本文化を享受する力も向上させるという結果が出ている。二か国語使用が日本人に悪影響を与えるという結果は、まったく出ていない。

とはいえ、長期的影響はどうなのだろうか？　選択肢はどうなる？　日本人は生涯にわたって話す言葉として、どの言語を選ぶようになるのだろう？　今から三百年後、日本人はどの言語を話しているのだろうか？　こういった疑問について考えると、幼稚園や小学校に英語学習を導入することに反対している保守派の気持ちがわかりかけてくる。周知のとおり、中学生という年齢の進んだ時期になってから英語を従来の方法で教えても、英語の能力にせよ、日本語能力にせよ、ほとんどの日本人の生徒に恒久的な影響を与えることはない。一方、外国語教育をより早期に始めれば、より深い影響が与えられる可能性はある。

私たちの望みが実現したものと仮定してみよう。あらゆる日本の学校で、英語が、現在少数の学校で行われているような効果的な方法で教えられるようになったという状況だ。こうなった場合、その結果は完全に無害なものになるだろうか？　それとも、世界との接触がますます濃厚になり、様々なメディアからインパクトを受けることを通して現在もたらされているような全体的な傾向に、ますます拍車がかかることになるのだろうか。そして、英語とその文化は、日本語と日本文化を脅かすことになるのだろうか？

ディクソンは、無思慮な宗教的伝道者たちを批判した。宗教を広めるに熱心なあまり、オーストラリアやアマゾンといった地域で、現地の文化を変え、現地の言語を自分たちのものに置き換えてしまったというのが、彼の考えだった。英語を教えることに奮闘し、生徒たちの目を英語圏の世界に向かって開こうと努力している私たち英語教師は、このような伝道者たちと変わらないのだろうか？　私たちのほとんどは、世界を今より良いところにしようと邪心なく努力している。けれども、邪心があろうがなかろうが、自分たちの行為と、自分たちが仕えている政府の方針がもたらす長期的結果について考えてみることは必要だろう。

デンマークの大学、コペンハーゲン・ビジネス・スクールのロバート・フィリップソン教授（Robert Phillipson）は、著書『Linguistic Imperialism [*一]』のなかで、政府の公的な政策の裏には、言語的帝国主義が潜んでいる可能性があると書いた。その一例としてフィリップソンは、英国政府から長年にわたって財政援助を受けてきたブリティッシュ・カウンシル（英国文化振興会）の歴史をたどっている。同書に引用されている一九五四年の英国政府の報告書にはこうあ

＊一　Phillipson, Robert (1992). Linguistic Imperialism. Oxford: Oxford University Press.

る。「長期的に見て、ブリティッシュ・カウンシルの働き、とりわけアジアにおける英語教育に関する働きが、我が国の貿易にとって非常に有益であることには、疑念の余地はない」

フィリップソンは、英国政府がブリティッシュ・カウンシルを承認していることは、「葉巻をくゆらすリーダーたちが、ＥＬＴ（英語教師）とその仕事を操作している」という陰謀の証拠だと早合点してしまってはならない、と警告した。その一方で、広い歴史的観点から見れば、この証拠は「ＥＬＴが疑いなく新帝国主義者で、帝国主義の枠内で行動している」ことを示唆するものだとも書いている。

アイヌ語の話者は、日本人が北海道を占領したため、自分たちの言語と文化が失われたと熱っぽく語る。たとえば、アイヌ民族として初めて日本の国会議員になった萱野茂《かやのしげる》の『アイヌの碑*一』を読んでみるといい。このような心の奥底から出た証言を読むと、日本語もアイヌ語と同じような運命をたどるのではないかと危惧する日本の人々の心情がよく理解できる。

a　可算的バイリンガリズム

日本語は、英語が使われるようになるにつれて衰退する運命にあるのだろうか？　いや、私

＊一　萱野茂著『アイヌの碑』朝日新聞社、一九八〇年。英語版は、Our land was a forest: An Ainu memoir. Boulder, CO: Westview Press, 1994. 萱野茂（一九二六—二〇〇六）は、祖母の語りに慎重に耳を傾け、アイヌ語とアイヌ文化のエキスパートになった。札幌地方裁判所にアイヌ民族を北海道の先住民として認めさせる原動力になったのも萱野だった。

たちは、状況を〝いずれか一つ〟のジレンマと考えるべきではないのだ。実際のところ、状況はまだ、それほど殺伐としたものに陥っているわけではない。ディクソンは、世界の言語の喪失に関する悲観的な結論を述べる前に「もし現状が変わらなければ」という前置きを付けている。さらに最後の言葉では、希望的観測も投げかけている。「とはいえ、現状は変わるかもしれない」と。そこで私たちも、変化の可能性を探ってみることにしよう。

第二言語の専門家は、〝減算的バイリンガリズム〟と〝可算的バイリンガリズム〟とを区別する。減算的バイリンガリズムとは、第二言語が第一言語に置き換わるような状況を指す。これが生じる典型的なケースは、第一言語の威信が第二言語に比べて低いとみなされる場合だ。アイヌ語の話者のあいだで日本語が支配的になったときにアイヌ語に生じたことも、減算的バイリンガリズムである。減算的バイリンガリズムは日本では脅威とはならない。日本語の威信は高いままに留まるためだ。

可算的バイリンガリズムでは、第一言語と第二言語の双方が威信のある言語とみなされる。日本語と英語の二か国語使用が成功しているケースは、このパターンに属している。日本語と英語の将来の関係は〝いずれか一つ〟ではなく、共存という理想のもとに生き続けることができるようにと願いたい。次のセクションでは、日本で成功している日本語と英語のバイリンガル・プログラムについて検討することにする。

人々のあいだで威信を持つ言語というものは、変わる可能性がある。第二部の最後で、私はアマゾン川上流地域のバウペス渓谷に住む人々の言語に対する〝can do〟の姿勢について述べた。今から四十年前に文化人類学者が接触したとき、バウペスの人々は確かに多言語使用を享受していた。あらゆる人が、二十五ある言語のうちの三、四言語、あるいはそれ以上の言語を話すことを当たり前とみなし、生涯を通じて新たな言語を学び続けていた。各言語の威信度は、みな同じだった。ところがディクソンによると、最近では、カトリックの伝道者がトゥカノ語を共通語として選んだため、地域の他の言語は失われてしまったか、消滅寸前だという。ディクソンは、時が来れば、トゥカノ語もポルトガル語にとって代わられるだろうと予測している。

世界には、諸言語が理想的に共存している例がたくさんある。とりわけヨーロッパは、そんな例の宝庫だ。こういった地域では、母語話者は追加の言語を学ぶことに誇りを抱き、母語以外の言語を話すことをごくふつうのこととみなしている。自分の言語が独特で他の言語に勝るという偏見を宿している――ゆえに、一つの言語しか話さなくてもかまわないと考えている――言語共同体は、世界では少数派だ。アメリカ人と日本人の大部分がモノリンガリズム（単一言語主義）を受容しているように見受けられるのは、まことに残念なことである。

バイリンガリズム（二言語併用主義）が必然的に減算的なものになると思い込むのは誤りだ。今では、ヒトの脳は、一つの言語が他の言語を押し出すようにはできていないことが判明している。可算的バイリンガリズムは、単に可能であるだけでなく、個人と社会の双方にとって望ましいものなのだ。ディクソンの悲観的な予測が日本で実証されることのないように、彼の予測を可算的バイリンガリズムの構想で置き換えるのは、外国で生まれた者、日本で生まれた者、すべてにとって有益なことである。

b　密接に結びついているアイデンティティ

文化とアイデンティティはどのぐらい強く結びついているのだろうか？　私は、固く、固く結びついていると思う。文化とアイデンティティは人生の初期に定着する。言語は、それらを結びつけるプロセスのごく一部の局面にすぎない。

私の娘、奈美は、日本で生まれた百％日本人だ。妻と私は、奈美が生後三十か月のとき、彼女を養女にした。以来、バイリンガルに育つことを願って、私は奈美に話しかけるときは、ほとんどの場合、英語を使ってきた。奈美はかなりの英語を理解するが、話すには日本語を使いたがる。だから、一緒にバスに乗って、私が英語を使い奈美が日本語を使って話していると、他の乗客に驚かれることがある。白状すると、奈美がもっと英語を話さないことに、私は少々がっかりした。けれども、彼女の生い立ちをよく考えてみた今では、その理由がわかりかけてきたように思う。

奈美が私たちのもとに来た時、彼女は三十か月ではなく、すでに三十九か月、日本人でいた。つまり最初の九か月は出生前の期間で、私が知る限り、それは完全に日本人の環境だった。生まれる前の赤ちゃんが母親の話す言語に合わせて神経回路を発達させることについては、第二部の「言語の習得は子宮の中で始まる」のセクションで説明したとおりである。その後、奈美は、生まれてから最初の三十か月という最も影響を受けやすい時期に、孤児院で日本語だけを聞き、話して育った。彼女の脳の回路網は、彼女が経験している状況に適応する形で発達した。奈美の頭脳の習慣は、彼女が日本語を話し、日本語で考えるように仕向けているのだ。その志向をくつがえすことはできない。

奈美にとって、英語は追加されたオプションであり、彼女の存在の根本教義ではない。このことから私が学んだのは、日本人であるということは、中学校や小学校、あるいは幼稚園で英語にさらされることによって危うくなるようなものではないということだ。この結論は、あまりにも早くから英語にさらすと、子供が日本人らしさを手放してしまうことになるのではないかと懸念する誠実な愛国者たちを安心させるに違いない。

言語、アイデンティティおよび文化への参加が、それぞれ結びついて発達するという最良の証拠は、人間の社会生活の枠外で育った子供たち――いわゆる〝野生児〟――のひとにぎりのケースから得られる。こういった（運よく数少ない）放置された子供たちは、どんな姿を見せたのだろうか？

2　野生児と臨界期

一八〇〇年一月、フランスのアヴェロンは寒かった。とりわけ、昼も夜も森で過ごし、手に入るものなら何でも食べていたような者にとっては。その少年は一月九日に森から出現した。ぼろぼろのシャツ以外は何も身につけておらず、人間を警戒し、何よりひどく腹をすかせていた。少年は十二歳ほどに見えたが、人間の言葉は話せなかった。動きは野生動物のよう、食べ方はオオカミのようで、排泄のしつけも身についていなかった。

彼はオオカミに育てられたのだろうか？　だが少年は何も言うことができず、それを確かめるすべはなかった。文化史家のロジャー・シャタック*1（一九二三―二〇〇五）は、少年の姿を次のように描写している。

最初にラコーヌの近くで目撃されたとき、野生児は森の中を駆けまわっていて、人に出会うと逃げ出した。髪はぼさぼさ、体は素っ裸。完全にあらゆる人間社会から隔絶されていて、どんな呼びかけにも無反応だった。体は傷だらけだった。火や道具や武器を持たず、私たちが〝かろうじて〟夜露をしのげるすみかと考えるようなものも全く持っていなかった。にもかかわらず、誰の話を聞いても、彼がこういった厳しい状況のもとで数年間もの――おそらく五~六年もの――冬を生き抜いてきたことを示していた。まず間違いなく死なせることを目的に森の中に放置されたか、あるいは森で迷って死んだものとみなされたのだろうが、彼は周囲の環境に順応しおおせたのだった。

南フランスのこの寒村の住民は、数年前から、森に野生の少年がいることを知っていた。それまでに少なくとも一度はつかまったものの、少年は逃げおおせていた。彼が危害をおよぼすことはなかったが、冬になると、ときどき住民の庭からジャガイモを盗んでいた。

＊1　Shattuck, Roger (1980). The Forbidden Experiment: The Story of the Wild boy of Aveyron. New York: Farrar Straus Giroux.（邦訳：ロジャー・シャタック著『アヴェロンの野生児――禁じられた実験』生月雅子訳、家政教育社、一九八二年）

一八〇〇年という時点は、人間の本質に関する科学的な興味が湧き上がっていた時期である。「自由、平等、友愛」をモットーに掲げたフランス革命は失敗に終わり、人々は失敗した理由を知りたがっていた。学者たちも「人間の本質とは何か」、「理想的な社会とはどのようなものか」という答えを探していた。そんななか、ついに捉えられた〝野生児〟(ワイルドボーイと呼ばれた)は、科学的観察のためにパリに連れてゆかれた。人々は一七九七年の通俗劇『森の子・ヴィクトール』の主人公にちなんで、少年をヴィクトールと呼び始めた。

ヴィクトールは、自然のままの人間の姿を知る格好の材料に見えた。人間に元来具わっているものは何か？　人は言語を具えて生まれてくるのか？　神を崇拝する念は？　清潔さは？　正義感は？　人々は知りたがった。

ヴィクトールの研究を引き受けたのは、六十名からなる医師、博物学者、探検家、動物学者、哲学者たちによって一七九九年に設立された「人間観察家学会」だった。ヴィクトールは彼らによって、言葉、衛生習慣、テーブルマナー、読み書きを教えられたが、どれも、ほんの少ししか身に付けられず、それもひどい苦労の末に身に付けたものだった。彼が最も興味を示したのは食物で、調理されたジャガイモのほうが生のものより美味であることは学んだ。だが、言語、文化、宗教、道徳心については、博識な観察者が考えたよりも〝空白の石板〟(白紙状態)といったほうがふさわしいもので、結局、学会のメンバーは徐々にヴィクトールへの興味を失っていった。

a　言語習得の臨界期？

ヴィクトールや他の類似のケースは、心理言語学者たちに、第一言語習得における臨界期という仮説を検証するためのデータを提供してくれる。生物言語学者、エリック・レネバーグ（一九二一―一九七五）[*一]が〝狼っ子（wolf children）〟と名付けた子供たち、すなわち、幼い時に人間との接触を――そのため言語との接触も――断たれた子供たちに関しては、多くの文献がある。ヴィクトールもそういった子供たちの一例だが、家の奥の寝室で椅子に紐で縛りつけられ、十三歳になるまでほぼまったく人間との接触を断たれていた〝ジーニー〟もそのひとりだ[*二]。

当局によって発見されたのち、ヴィクトールもジーニーも当代最高の指導者によって言葉の発達を促されたが、通常の人の話し方は、ついに身に付けられなかった。二人ともかなりの単語は覚えたものの、最も単純なパターンを超えて単語をつなぎ合わせることはどうしてもできず、声の質も不自然だった。

〝野生児〟が言語を適切に発達させることができなかったという事実は、言語が脳内で独立

＊一　エリック・レネバーグ（Eric Lenneberg）の最も重要な著書は、“Biological Foundations of Language”(1967) New York: Wiley だろう（邦訳は、『言語の生物学的基礎』佐藤方哉・神尾昭雄訳、大修館書店、一九七四年）。引用箇所は、原著一四一－一四二ページより。

＊二　ジーニーについては、Susan Curtiss が一九七七年に出版した“Genie: A psycholinguistic study of a modern-day ‘wild child’” New York: Academic Press に詳しい。邦訳は、スーザン・カーチス著『ことばを知らなかった少女ジーニー――精神言語学研究の記録』久保田競・藤永安生訳、築地書館、一九九二年。

した〝モジュール〟として存在する証拠だと、ときおりみなされることがある。同じように、子供たちの脳には〝言語獲得装置〟というようなものがあり、思春期前の子供たちはそれを使ってパラメータを設定することにより、言語的な能力を身に付けるという仮説もある。こういった仮説に基づき、言語獲得装置は、幼児期に使用されないと退化してしまうのではないかと議論することもできる。けれども、脳の機能と精神の発達に関する知識がより深まるにつれ、脳内に独立した言語モジュールが存在するという信念を抱き続けるのは難しくなった。今では〝臨界期〟という概念は、生物学的事実というよりも比喩のように見えている。

野生児について書く者たちは、その子の言語発達の欠落が精神遅滞にあったかもしれないという可能性について必ず考慮しなければならない。カーチスは、ジーニーについては、彼女の言語障害の原因から精神遅滞の要素を排除できると考えた。

一方、シャタックは、ヴィクトールのケースについて、カーチスほど確信を持てず、次のような、より全体論的な説明をするに留まった。「ヴィクトールが一人の人間としての〝自我〟の概念を組み立て、それに気付き、行動に移すには、すでに遅すぎたということは言えるだろう。」シャタックは、ヴィクトールを描写した人々の記述に、しばしば睡眠のイメージが使われていたことに留意した。そして、このイメージは「自我意識の不完全さを示すもので、彼が一個の人間としての自分の存在に目覚めることはついになかったのだ」と結論づけた。

ジーニーとヴィクトールが、周囲の文化とうまく統合した人格を発達させられなかったことは確かだし、この不具合が一部の人に精神遅滞としてみなされたことも確かだ。とはいえ、シャタックが示唆したように、可能性のある理由は、一般的な精神遅滞や言語獲得装置の不具合に限ったことではない。

b　自己形成

言語の発達と全般的な社会的発達を明確に区切ろうとするのは、とりわけリスキーな試みだ。わかっていることをすべて総合すると、言語の発達は、遺伝的に定められているとはいえ、社会的環境における総合的な精神の成熟と密接な関係を持ってとり行われるように思える。具体的に言うと、言語の発達は、現実に関する世間一般の定義を理解すること、および言語共同体の中で機能するために人格を具えることと絡み合っている。ある言語共同体の一人前のメンバーとして機能するには、人格が必要なのだ。

多重人格障害の専門家である精神科医のF・W・パトナムは、子供たちが病的な乖離に至る状況について次のように述べた。「MPD（多重人格障害）のような慢性的な乖離プロセスの発症は、恐怖におののく子供を長い期間にわたって隔離したり感覚を遮断させたりすることを繰り返し行う監禁虐待によって、惹起される可能性がある」[*1]。

レネバーグは、いくつかの要因が分かちがたく結び付いていることを考慮に入れて、次のように結論づけた。「山のような報告から安全に導くことのできる唯一の結論は、暗いクロゼッ

*1　Putnam, F. W. (1989). Diagnosis and treatment of multiple personality disorder. New York: Guilford.（邦訳は、フランク・W・パトナム著『多重人格性障害――その診断と治療』安克昌・中井久夫訳、岩崎学術出版社、二〇〇〇年）

トや狼の巣穴や森や残忍な両親の庭といったところで営まれる生活は、健康と正常な発達をもたらすものではない、ということだけだ」

通常の子供たちには何が起こるのか、そして野生児には何が起きないのかを理解するには、言語学習に関する総合的な理論が必要である。私の知る限り、さまざまな局面を網羅して完璧な言語学習理論を構築した者はいないものの、注目すべき考察を含む仮説がいくつか出てきている。特に私が感銘を受けたのは、マイケル・トマセロをはじめとする構造主義者による説明だ。二〇〇三年の『Constructing a Language』[*一]の中で、トマセロは、セルフイメージが、世間に関する知識、ソーシャルスキル、言語の獲得とともに同時に構築される様子を描いた。

私にとって、この社会心理学的な説明と対を成す重要な概念は、脳の中で何が起きているかということだ。この概念について、私は、神経心理学の分野から多大な恩恵を受けている。この分野を代表する最良の学者は、最近さまざまな論文を通して研究成果を発表しているミシガン大学のニック・C・エリス教授だ[*二]。現代の神経心理学者は脳の活動を動的システム、すなわち変化を続ける脳のプロセスとみなし、そういったいくつかのプロセスが、音と意味を組み

＊一　Tomasello, Michael (2003). Constructing a language: A usage-based theory of language acquisition. Cambridge, MA: Harvard University Press.（邦訳は、マイケル・トマセロ著『ことばをつくる――言語習得の認知言語学的アプローチ』辻幸夫・野村益寛・出原健一・菅井三実・鍋島弘治朗・森吉直子訳、慶應義塾大学出版会、二〇〇八年）

＊二　たとえば、次の論文を参照されたい。Ellis, Nick C. (2008). The dynamics of language use, language change, and first and second language acquisition. Modern Language Journal, 41(3), 232-249.

合わせた言語パターンを生み出していると考えている。

あらゆる局面を総合的に考えると、野生児の研究から学ぶべきことは、ほんとうに臨界期というものは存在するということであるように思える。ただし、それは言語における臨界期ではなく、人間社会におけるひとりの人間として自己形成を果たすための臨界期だ。言語能力はこの自己形成の一部ではあるが、決してそのすべてではない。言語能力は、自己形成に含まれる重要な一部分であり、切り離すことができる部分ではないのだ。

B　英語のイマージョン

1　言語処理は脳全体を使う

外国語を日常のコミュニケーションで使う人は、その言語を学習しようと意識的に努力する人より習得が早い――それも、ずっと早い――ということは、かなり前から知られている。だが、こういった〝イマージョン〟教育による習得の速さや正確さについて、その理由を説明した理論家は今のところいない。説明が存在しないのは、分析するための適切な手段が身近になかったためであることは確かだ。

とはいえ、現在では脳の機能の研究が進み、言語処理における左右の半球皮質の役割がわかってきた。言語処理では、右脳と左脳の両半球が活性化される。ほとんどの人々において、単語や組み合わされた単語に関するプログラム・マネージャーの役割を司るのは、左脳のほうだ。失語症の研究を通じて、左半球皮質の障害に由来する失語症を持つ人々は、言葉を話したり、理解したりするのが困難であることが判明した。さらに最近では、右脳は左脳を補完することもよく知られている。つまり右脳は、現在の状況を理解し、ニュアンス、声の調子、皮肉、ユーモア、といった状況に依存する微妙なことがらを解釈することによって左脳を補完しているのだ。右半球皮質の障害に由来する失語症を持つ人は、文を理解し、文を生成することは満足にできるが、その状況や含蓄を理解することはほとんどできない。こういったことから導かれる結論は、言語を話すということは、両半球の皮質を利用して行われる、脳全体の機能を使う処理だというものだ。

ハーヴァード大学の神経解剖学者、ジル・ボルト・テイラー博士[*一]は、左脳に重い脳卒中を引き起こし、それに伴って、話す能力と会話を理解する能力を失った。何年もかかった回復の後に書かれた彼女の手記は、脳の両半球がどのように互いを補完し合うのかについて教えてくれる。テイラー博士は、これを次のようにまとめた。

＊一　Taylor, Jill Bolte (2006). My stroke of insight: A brain scientist's personal journey. New York: Viking.（邦訳は、ジル・ボルト・テイラー著『奇跡の脳』竹内薫訳、新潮社、二〇〇九年）

たとえば言語について言えば、左脳は、文の構造や意味を形作っている微細なことがらを理解するのです。そして単語の意味も理解します。（中略）そののち、単語を直線的につなぎ合わせて、非常に複雑なメッセージを伝えることができる文やパラグラフを作り上げます（原文三十三ページ）。

一方、右脳は、意味を補完して解釈するためのサイレントパートナーだ。

右脳は、非言語的コミュニケーションを解釈することによって、左脳の言語中枢の働きを補完します。右脳の心は、口調や表情や身ぶりといった、より微妙な言語の合図を評価します。右脳は、コミュニケーションの全体像を見て、表現全体の整合性を見極めるのです（原文三十三〜三十四ページ）。

左脳が機能しなくなったとき、テイラー博士の右脳は活動を開始した。脳科学の専門家だった博士は、その事実に驚くとともに、それが実体験できたことを幸運に感じた。

一瞬、一瞬、右脳の心は、その瞬間がどう見え、どう聞こえ、どういう味がし、どういう匂いがし、どう感じられるか、ということを散りばめたコラージュを作ります。瞬間は、急激に押し寄せて急激に過ぎ去るようなものではなく、感覚や思考や感情に満ちたものであり、生理的な反応さえよく伴うものなのです（原文二十九〜三十ページ）。

言語指導と言語学習の問題点は、左脳の活動として組み立てられていることがあまりにも多いことだ。右脳が司ること、すなわち鮮やかな印象や関連性、他人と心を通わせるときの微妙なことがら――言語を使用し、記憶するためには不可欠なこと――を無視してしまっている。なにもわざと悪意を抱いてそうしているわけではなく、左脳が司る種類の活動は、学習活動を明示的かつ組織立った知識として教える学校のやり方によくなじむのだ。こういったアプローチは、数学や化学といった科目ではうまくいく。けれども、左脳の活動を通して言語の流暢さを達成しようとしても、その速度は、脳全体の活動として言語を教えたときよりも、何倍も時間がかかるものになってしまうだろう。

イマージョン教育は、左脳が司ることだけに集中して行うようなことが、そもそもできない。というのは、イマージョン教育は、生徒の心を目の前にある状況の各瞬間に（右脳を使って）集中するように仕向け、その状況を適切な言語に（左脳を使って）統合するよう仕向けるからだ。かくして、イマージョンの成功には、脳全体を使う処理が欠かせないことになる。

過去数世紀にわたり、さまざまな人々が脳全体を使う言語学習の方法を〝発見〟してきた。それらは、〝ナチュラル〟教授法、あるいは〝ダイレクト〟教授法などと呼ばれてきたが、今では、〝イマージョン教育〟*一と呼ばれるようになっている。この方法を発見した一例が、十九世紀にJ・S・ブラッキーによって書き遺されている。これは、十六世紀に生きたニコラス・クレ

*一 〔訳注〕イマージョンとは、身を浸すという意味

ナールが発見した方法について書かれたもので*一、ブラッキーは、クレナールがラテン語を次のように教えたと記している。

「(クレナールが教えたのは) まさに寄せ集めというべき人々だった。五歳にも届かないような男の子たちがいたかと思えば、聖職者もいた。黒人の使用人や非常に高齢の老人もいた」子供たちの親たちもやってきた。

ブラッキーはクレナールの言葉を次のように引用している。「私は、こういった人々が楽しめるように教えた。そのため私の学校は、本来の意味での "ludus" *二になった」ブラッキーは、この教授法に次の四つの原則を見出している。(1) 話し言葉で教えること、(2) 話す内容がその場に即したものであること、(3) 反復すること、(4) 聞く者の注意を喚起し、共感を導くこと。

2　英語のイマージョンと日本人の心

*一　このような初期の言語教育については、A. P. R. Howatt の著作に詳しい。A history of English language teaching (2nd ed.) (with H. G. Widdowson), 2004. Oxford: Oxford University Press.

*二 [訳注]　学校と競技を指すラテン語

一九二二年。日本政府は、日本の英語教育の様子を観察して助言を行ってもらうために、イギリス人のハロルド・パーマー（Harold Palmer）を招聘した。それまで二十年間にわたってヨーロッパで言語指導の実践と研究を活発に行い、盛んに論文を上梓していたパーマーは、当時、言語教育界の世界的な第一人者だったろう*一。パーマーは一九三六年まで、十四年間にわたって日本に滞在し、日本における英語教育状況の調査、講演のみならず、英語教授研究所（IRET: Institute for Research in English Teaching）*二の設立、英語教育に関する様々な文献の執筆などを手がけた。来日して七年経った時点で、すでに充分な観察をしてきたと感じたパーマーは、政府に提言を行った。その最初のものは、たとえ英語学習の目標が英語の文献を読むことだけにあったとしても、「英語で考える」能力を発達させるために、最も初期の段階の学習は、英語を聞き取り、話すことに費やさなければならない、というものだった。

パーマーは、英語を学び始める中学生にとっては、最初の六週間の英語の授業が、英語の基本的な使用法と発音の正しい道をつけるための重要な鍵になると説き、次のように警告した。「もし最初の数か月のあいだに正しい発音を身に付けられなければ、それを後で身につけよう

*一　日本におけるパーマーの活動については、さまざまな文献がある。私のお気に入りの一冊は、R・C・スミスによるもので、同書にはパーマーの伝記と彼の数多くの論文リストが掲載されている。Smith, R. C. (1999). The Writings of Harold E. Palmer: An Overview (pp.198-205). Tokyo: Hon-no-Tomosha.

*二　［訳注］　世界初の英語指導研究機関。現在の（財）語学教育研究所

としても矯正のための多大な努力が必要になるだろう」*一と。パーマーは、学習者が当初からコミュニケーションのための英語を学ぶことを強く勧めたのだった。

このようなアプローチは、はたして日本でうまくいくのだろうか？　その答えになる情報は、私たちが見つけられる限り最も集中的な英語学習を行っているところに求めることができるだろう。すなわち、さまざまな教科を教える教授言語として英語を使用しているイマージョン・プログラムである。

イマージョンを通して言語教育を行うという考えが注目を集めるようになったのは、一九六〇年代初期のカナダだった。当時カナダでは、英語圏とフランス語圏それぞれに住む人々が、互いの言語を話すことによって、より大きな社会的調和を手にしたいと願っていた。教育者たちは、学校に入学してくる子供たちが、家庭で話している言葉と学校で話している言葉が違っていても違和感を抱かないことに気付いていた。そこで、いくつかの学校で、英語が第一言語の子供たちに対して、授業を完全にフランス語で行う試みが始められたのである。

イマージョン・プログラムの最初の成功の兆しが現れる前には、様々な杞憂や偏見が渦巻いていた。多くの人が、バイリンガルの人たちは、いずれの言語についても、モノリンガルの人たちが一つの言語を習得する程度にまで習得することができないのではないかと考えた。二言

＊一　Palmer, Harold E. (1929).『英語の６週間』英語教授研究所刊。Leaflet no. 27. Tokyo: IRET, xi +110 +iii.（本書は当初、日本で日本語により出版され、一九三四年に、"The First Six Weeks of English" として英訳が刊行された）

語併用政策は、知性を低下させるものと信じる人もいた。さらには、バイリンガルの子供たちは、精神的な混乱をきたすのではないかとまで考えた人もいた。だが、イマージョン・プログラムの影響を調べた研究は、あらゆる杞憂を打ち消す結果を示していた。

私たちは、英語によるイマージョンについて、三つの質問に答えを出す必要がある。まず、英語がうまく身につくということは、日本語がうまく身につくことを妨げることになるのだろうか？　次に、早期に英語学習を始めることは、日本人の心を混乱させることになるのだろうか（たとえば、知性を低下させたりするのだろうか）？　そして最後に、英語によるイマージョンは、生徒の日本人としてのアイデンティティを弱めることになるのだろうか？　私は、イマージョンが実際に行われている様子を目にするという幸運に恵まれた。というのは、日本で最初にイマージョン・プログラムを実施し、しかも最も成功を収めている、静岡県沼津市の加藤学園に七年間勤務したからだ。私自身はイマージョン・プログラムに関わることはなかったものの、プログラムの進捗状況を観察し、それに関わった人々の話を聞く機会は常にあった。

加藤学園は、一九九二年四月にイマージョン教育を初等学校一年生のクラスで開始した。プログラムは年を追って進み、二〇〇四年には、ついに最初のイマージョン・プログラムの生徒が高校を卒業した。その際、私が作成した報告書は次のとおりである。

3　イマージョン・プログラムの第一期卒業生（二〇〇四年執筆）

一九九一年十一月のある寒い日の午後、静岡県沼津市にある私立の加藤学園暁秀初等学校に合格した児童の保護者六十名は、衝撃的な通知を手にした。加藤学園は、一九九二年四月の新学期から、英語イマージョン・プログラムを開始するというのだ。保護者は、児童をこのイマージョン・プログラムのコースに入れることもできるし、そもそも入学させるつもりだった日本語で学ぶ通常のコースに入れることもできるとあった。

「英語イマージョン教育」では、文部省が認可している教科を英語で学び、日本語もおろそかにはしないという。イマージョン・プログラムのディレクターはマイケル・ボストウィック氏が担当することになっていたが、彼はそれまでイマージョン・プログラムを運営したことは一度もなく、教育心理学修士号を持っていたものの、当時はまだ博士号は取得していなかった。

保護者たちは、子供の生涯に大きな影響を与えることになる決断を迫られた。結局、二十九人の保護者が、信頼と希望を胸に、わが子にイマージョン・プログラムを授けることを決意した。

二〇〇四年三月。イマージョン教育におけるパイオニアとなった第一期生の生徒たちが高校を卒業し、新たな進学先に飛び立とうとしていた。十七名の卒業生のうち、八人が日本の大学への進学を決め、九人がアメリカの大学に進むことになった。彼らはただ大学に合格しただけではない。日本の大学では、青山学院大学に四名（合計七学部）、慶応大学に一名、早稲田大学に一名、宇都宮大学に一名が合格した。自らの関心に従って大学を選択した生徒の合格先には、中央大学、獨協大学、法政大学、国際基督教大学、皇學館大学、武蔵工業大学、日本大学、立命館大学、芝浦工業大学、東海大学が含まれていた。

アメリカの大学については、九名の生徒が二十八大学から入学を許可された。その内訳は、ハーヴァード大学、エール大学、ボーリンググリーン州立大学、エンブリリドル航空大学、ハーヴェイマッド大学、ミシガン州立大学、オクラホマ州立大学、テキサスクリスチャン大学、ジョージア大学だった。イマージョン・プログラムの生徒の多くは、二つ以上の大学から入学を許可され、大学の学術プログラムや、とりわけ奨学金制度などに基づいて進学先を決めた。

a　日本の大学への進学

イマージョン・プログラムの第一期生が高校を卒業したとき、私はディレクターのボストウィック氏と、ジョン・J・メイハー氏に聞き取り調査を行った。メイハー氏は、イマージョン・プログラムの創設以来アドバイザーとしてこのプログラムに関わってきた熟練教師かつアドミニストレーターである。ボストウィック氏とスタッフらは、このプログラムの生徒が日本の大学の受験に対して持っている強みは、世界的に権威のある国際バカロレア（ＩＢ）プログラムを英語で成しおおせたことにあると考えていた。ＩＢ高校の履修要件には、四千ワードからなる卒業論文、社会奉仕活動を含む百五十時間の課外活動、そして大学レベルの三教科を収めることが含まれる（イマージョン・プログラムの生徒たちは中国語を取り、ＩＢテストで平均以上の得点を習得した）。

こういった状況下、大学進学のための第一の戦略は、生徒たちをＡＯ入試で合格させるというものだった。だが、ボストウィック氏が落胆したことに、ＡＯ入試という迷路は、彼が考えていたよりずっと複雑で、しかも加藤学園の新しいプログラムには、あまりなじまないものだった。結局、ＡＯ入試で合格できた生徒は一名もいなかった。

ＡＯ入試の大失敗が明らかになったとき、一月十七日と十八日のセンター入試は、数週間後に迫っていた。イマージョン・プログラムの生徒たちには、加藤学園の他の生徒たち（イマージョン・プログラム以外の通常課程の生徒たち）が二〜三年にわたって積んできた入試準備という強みがなかった。けれども、二言語併用主義は、言語とともに知力の強化ももたらすらしい。当人たち以外の驚きをよそに、イマージョン・プログラムの生徒たちは、身に付けてきた一般知識を働かせて非常に良い成績を収め、ほとんどの者が、AO入試で不合格になった早稲田大学や慶応大学の入試合格レベルに達したのだった。

生徒の多くは、「国際」という名を冠した学部——国際政治学部から国際環境学部まで——に入学していった。日本語と英語で行った卒業時のスピーチで、こういった生徒たちは、今の世界に果たすべき日本の責任が担える人材になりたいと語った。

英語イマージョン・プログラムの明らかな影響のひとつは、生徒たちの間に日本人としてのアイデンティティと日本文化に対する評価を高めたことである。これは、二名の生徒が日本文化に特化した学部を選んだことにも現れている。一人は、東海大学で日本史を学ぶことを選択し、もう一人は皇學館大学で神道の哲学と理論を研究することを選んだ。

b　学業の軌跡

英語イマージョン・プログラムは、開設当初から前例のない取り組みだった。一九九二年に、最初に入学した二十九名の生徒の一人がはしかにかかり、最初の十日間、学校を休まなければならなくなった。再び登校したとき、クラスメートが楽しげに英語を使って会話しているのを見て途方にくれたこの生徒は、情状を酌量して学校が差し出した転部措置を利用し、イマージョン・プログラムから去っていった。

この生徒の逸話は、『ハーメルンの笛吹き男』に描かれた足の悪い少年を思い出させる。この子は、楽しい子供の国に連れて行くという笛吹き男の約束をしっかり耳にして仲間を追いかけたが、他の子たちについていけず、楽園への扉を目の前で閉ざされてしまった。イギリスの詩人、ロバート・ブラウニングは、少年の気持ちをこう謳っている*一。

ぼくの足もすぐに直ると
約束してもらったそのとたん
笛の音は止まり、ぼくの足も止まった
ぼくは丘の外に取り残され
心ならずも、ひとりぼっちになった
そしてそれまでどおり足をひきずり
二度とその地について耳にすることはなかった!

イマージョン・プログラムからのドロップアウトを余儀なくされた少女の経験を考えると、ハロルド・パーマーが言ったように、コミュニケーションにおける人間関係とパターンを設

*一　Browning, Robert (1842). The Pied Piper of Hamelin: A Child's Story.（邦訳は、『対訳　ブラウニング詩集――イギリス詩人選〈6〉』富士川義之編、岩波文庫、二〇〇五年など）

定するには、授業の最初の数週間が非常に重要であるように思えてくる。この少女のケースは、まさに、最初の数日間が長期にわたるパターンを決定付けてしまった例だった。

イマージョンという冒険に乗り出してから十二年後、十七名の生徒は、英語と日本語で卒業スピーチを披露した。ボストウィック氏は、「一言も英語をしゃべれなかった、あの小さな小学一年生」だったときと比較せずにはいられなかったと語った。この成功は、イマージョン・プログラムの生徒たちにとって、初めから約束されていたものではなかった。第一期生たちはそもそも、英語イマージョン・プログラムを選んで入学してきたわけではない。初等学校の一年生として入学を許可されたあとに、このコースの選択を決めたのだった。にもかかわらず、ひとたびこのコースに入ったあとは、イマージョン・プログラムに応え、今では何の苦労もなく日本や世界の大学から高く求められている能力が駆使できるようになっていたのである。

4　イマージョン教育からわかったこと

一九九二年にイマージョン・プログラムを開始したのち、加藤学園は幼稚園におけるイマージョン・プログラムを加え、さらに、中学校と高校の英語プログラムにおいて国際バカロレア認定校の資格を取得した。

加藤学園のイマージョン・クラスは、文部科学省が規定している学習指導要領のカリキュラムに従っている。唯一の違いは、使用する言語だけだ。プログラムの開始時、英語は教科としては教えられない。単に、算数、理科、情報、体育、音楽、美術といった教科の授業で話す言葉として（のちに書く言葉として）使われるだけだ。国語や社会の一分野は、当然のことに日本語で授業が行われる。こういった教科が増えるにつれ、英語の使用頻度は、初等学校一年次の六十五％から、中学校における四十％にまで低下するが、高校のプログラムは国際バカロレアの基準に準拠しているため、英語の使用頻度は八十％程度になる。

標準テストは日本語で行われる。興味深いことに、イマージョン・プログラムの生徒は、単語がわかっているかぎり、知識を英語と日本語の両方で表現することができる。そのため、国語の授業では、英語で学んだコンセプトを表現するのに必要な単語（たとえば「三角形」や「動物界」などといった単語）を学ぶ。

加藤学園は、イマージョン教授法の影響を測るにはまたとない立場にある。というのは、イマージョン・プログラムの生徒を比較することができる通常課程の生徒もいるからだ。学園では、イマージョン・プログラムの情報を数多く公開している。プログラム・ディレクターのボストウィック氏も、イマージョン・プログラムに関して多数の論文を発表しているだけでなく、博士論文も上梓している[*一]。さらに同学園は、イマージョン教育に関するシンポジウムや特別セッションなども開催している。

加藤学園の生徒の学力レベルは、通常課程の生徒もイマージョン・プログラムの生徒も、国語と算数において、県が行う学力テストの平均を超えている（これは、学力の強化を目指す私

＊一　ボストウィック氏が一九九八年に上梓した博士論文は次のとおり。A study of an elementary English language school in Japan (Temple University Japan). Ann Arbor: UMI Dissertation Services, No. 9921151.

立学校においては当然のことだろう)。時がたつにつれて、イマージョン・プログラムの生徒の得点は、決して通常課程の生徒の得点に劣らないことがわかってきた。イマージョン・プログラムの生徒の得点レベルは例年、通常課程のレベルと同程度か、国語については、通常課程レベルの生徒の得点よりやや高いことすらあった。さらには、当然のことに、イマージョン・プログラムの生徒には英語力という強みがある。中学生のTOEFLスコアは四百点台半ば、そして高校卒業生のレベルは六百点台だ。

いったいなぜ、英語の存在にもかかわらず、日本語能力が影響を受けることはないのだろう?ボストウィック氏は、その答えをこう表現した。言語とは、囲いの中の風船のようには働かないのだと。つまり、一方が大きくなると他方が小さくなる、という事態は生じないのだ。人間の頭脳は状況に応じて反応パターンを生成するが、収められるパターンや状況の数に明確な限界があるようには見受けられない。

神経言語学者のワイルダー・ペンフィールドは、一九六五年に、フランス語のイマージョンを行う学校に通わせていた我が子らについて、子供たちはそれを当たり前のこととして受け入れていたと書いた*一。学校の門をくぐるのは、いわば頭のスイッチを切り替えるようなもので、子供たちは、学校に入るやいなや、フランス語を話し出したという。ペンフィールドはこのス

＊一　著名な脳科学者のペンフィールドは、言語にとりわけ関心を寄せていた。一九六五年に発表した次の論文で、我が子のケースを描写している。Penfield, Wilder (1965). Conditioning the uncommited cortex for language learning. Brain, 88, 787-798, at p.795.

イッチを「混乱を防ぐための〝条件反射〟」と呼んだ。近年、このスイッチの比喩は、やや機械論的すぎるように見えているが、脳は、ある言語の精神状態から他の言語の精神状態に急激に変わることができるという考えの正しさは今でも変わらない。

a　知性

イマージョンにおける研究では、生徒の認知機能*一の向上が示されることがよくある。これは、加藤学園のイマージョン・プログラムの生徒にも当てはまることだ。一般知能の測定は、その測定方法が常に批判にさらされるものではあるものの、多くのイマージョン・プログラムの研究において知能の増進が一貫して報告されていること、およびそのことが、さまざまな知能測定方法を通して示されているという事実は、イマージョン・プログラムの生徒の頭脳に何か良いことが生じている事実を強く示唆している。では、この〝良いこと〟とは、いったい何なのだろう?

二言語併用主義が「メタ言語意識」を高めることについては、複数の著者が示唆するところだ。つまり、バイリンガルの人々は、彼らのモノリンガルの友人たちよりも、言語についてより深く考えているというのである。私には、この「メタ」意識が、単に言語についてだけのことではないように思われる。バイリンガルの生徒たちは、世の中を捉えるうえで、やや異なる手段を二つ手にしているのだ。あるアメリカ人の訪問者は、この経験を、知覚に特別な深みと

---

*一〔訳注〕知覚、記憶、学習、思考、判断といった知的な機能

豊かさを与える〝立体視覚〟になぞらえた。これは、増強された柔軟な頭脳と創造性を表現する格好の比喩ではなかろうか。

二か国語が身についていると、三か国語の学習も進む。このことについては多くの事例報告があり、証拠となる統計学的研究もいくつかある。とはいえ私は、この影響をもたらす頭脳のプロセスを適切に説明した文献をまだ目にしたことがない。想像するに、ある言語から他の言語に切り替えることができるという能力は、バイリンガルの人々が持つ能力の中で、最も貴重なものなのではないだろうか。モノリンガルの人々が抱える不幸は、単一言語に基づく思考形態をなかなか超えられず、それが可能だと想像することすら困難なことにある。

ヴィクトールを思い出してみよう。十二歳の彼は、フランス語という単一言語の思考形態に入ることにさえ困難をきたした。ヴィクトールのこの能力の欠如は、多くの日本人の中学生が、英語という第二言語になかなか適応できない状態を思わせる。おそらくその理由も類似したものだろう。一二歳になるまで単一の汎用的な思考形態になじんできた中学生は、もうひとつの言語を自らのレパートリーに加えた状態を想像することすら、ほとんどできないのだ。

b　日本人らしさ

サイモン・ダウンズ博士は、筑波大学にいた二〇〇一年当時、加藤学園のイマージョン・プログラムの生徒と、同じ年代の単一言語の通常課程の日本人生徒を対象として、広範な比較調査を行った[*1]。ダウンズ博士の目的は、イマージョン・プログラムの生徒が、日本人としてのアイデンティティと日本文化への理解を失っていないかどうか確かめることにあった。その結果、ダウンズ博士が見出したのは、加藤学園のイマージョン・プログラムの生徒は、比較対象の日本語だけの学校の生徒たちよりも、日本人としてのアイデンティティをより強く抱いている、という事実だった。イマージョン・プログラムの生徒たちは、英語圏の文化についても、通常課程の生徒たちより深く理解していた。けれども外国に対するこういった理解は、自らの文化を置き換えるものとしてではなく、自らの文化に加えるものとして育んでいたもので、ダウンズ博士が「思考の柔軟性」と呼ぶものを体現していた。

かつて私に日本語を指導してくれた友人は、イマージョン・プログラムの生徒が日本人としてのアイデンティティを強く抱くようになったのは、自明の理だと言った。自分の言語の文法は、他の言語を学ぶまでよく理解できないのと同じように、外国文化をよく知ることは、かえって日本文化を評価する気持ちを強めるのだというのだ。彼女はそのあと、次のように付け加えた。「いずれにしても、日本人のアイデンティティが簡単に置き換えられるほど弱いものだと思っているような人は、信用できないわ」と。

＊一　Downes, S. M. (2001). Psychological factors within the language immersion program.（筑波大学博士論文、未刊行）

5　就学前のイマージョンについて

私は二〇〇四年のある日、加藤学園の幼稚園に出向いて、そこで一日を過ごした。園舎では、制服を着た三歳児、四歳児、五歳児たちが走り回っていた。子供たちは、英語イマージョン・プログラムのコースにいるものと、通常の日本語によるプログラムにいるものがいて、さらにそれぞれのクラスに分かれていた。当初、私は、どの子がどのクラスにいるのか、どうしてわかるのだろうかといぶかった。が、その疑問はすぐに氷解した。帽子で区別されていたのである。園児たちはさまざまな色の帽子をかぶり、色によって、プログラム、年次、クラスがわかるようになっていた。色がわからない教師がここで働くのは、残念ながら難しいだろう。

加藤学園幼稚園で英語イマージョン・プログラムが開始されたのは、初等学校のイマージョン・プログラム開始の二年後、一九九四年のことだ。このたび幼稚園で私を迎えてくれたのは、幼稚園イマージョン・プログラムのコーディネーター、ジェフ・パーメンター氏と中川真理氏。両氏によると、年少、年中、年長それぞれのレベルに、イマージョン・プログラムが二クラスずつあり、各クラスを、ネイティブの英語話者とネイティブの日本語話者がチームを組んで担当しているという。日本人の教師は、英語と日本語のバイリンガルだということだった。

ボストウィック氏は、幼稚園のイマージョン・プログラムでは、第一言語が危機にさらされるようなことはない、と語った。教育の観点から見て、百％英語のイマージョンが三歳児の日本語の発達を損なうようなことは、どの局面においてもないという。幼稚園児の日本人としてのアイデンティティも、しっかりと定着する。とはいえ、この幼稚園のイマージョン・プログラムでは、園にいる時間の半分が英語環境、他の半分が日本語環境になっている。

どんな幼稚園にも欠かせないのが「アクティビティー」だ。この幼稚園でも、歌、ゲーム、お話、紙とクレヨンを使った遊び、そして園庭での遊びがふんだんに盛り込まれている。私は、四歳児がフラフープの技を極める様子を興味深く眺めた。

アクティビティーは、幼稚園の外でも行われる。加藤学園の幼稚園でも、遠足などのアクティビティーが盛んに行われている様子がうかがわれた。職員室の大きなカレンダーには、次のような予定が書き込まれていた——イモ掘り（年少）、リサイクルセンター訪問（年長）、消防署訪問（年中）、一泊二日のサマーキャンプ（年長）、川遊び（年中）、富士サファリパーク（年中）、ヤモリ観察（年長）、陶芸（年中）、花屋訪問（年中）……。

特筆すべきは、世界に向けた意識の育成だ。園児のなかには、外国の血を引いている子供たちもいる。海外の国々は、アクティビティーの中に頻繁に組み込まれており、グループ名に国名を付けているクラスもある。たとえば、五歳児のあるクラスでは、チームの名は、アメリカ、ブラジル、ギリシア、パナマ、フィージーというものだった。なかなかの地理分布である。そして、海外旅行の機会もある。幼稚園では毎年、オーストラリアのカーディニア・インターナショナル・カレッジで十日間のホームステイを行っている。園児のなかには、英語圏で半年、あるいは一年間ホームステイを行う子もいる。

英語を話すときに使う教室では、教師は英語しか話さない。自分がどの言語を話しているか、ということを子供たちはとくに意識せず、求められている言語を自然に話すようになる。私が幼稚園を訪れたときは爽やかな季節で、教室の引き戸は開け放たれていた。そんななか、五歳児の教室に雀が入り込んで、パン屑を探し始めた。それを見た教師は、こう子供たちに話しかけた。"Oh. Here is our friendly bird. See the bird?"（まあ、鳥さんがやってきたわ。鳥さんが見えるかな？）ほとんどの園児は鳥の姿を目にしたが、驚かせて飛び去らせるようなことはしなかった。教師は続けた。"Tell him 'Don't poop! Don't poop in our classroom!'"（鳥さんに、フンしないでねってお願いしましょう。みんなの教室にフンしないでねって！）教師の言葉に反応しなかった園児もいたものの、そのほかの子たちは新たな興味を抱いて鳥を眺めた。なかには、"Don't poop, bird."（フンしないでね、鳥さん）と英語でつぶやいた子もいた。

三歳児のクラスに行った私は、何かをしている小さな女の子を見つけ、膝をついて覗き込んだ。その子は、"car"と"cat"という英語の説明がついた塗り絵をクレヨンで塗っていた。そこで私は、この子に英語で話しかけた。"Oh, a pink car. And what color is good for the cat?"（おや、ピンクの車だね。じゃあ、ネコさんには何色が似合うかな？）

"Pink"とその子は答えた。

"Do you like pink?"と私が訊ねる。

"Yes. I . . . pink."その子はこう答えると、ネコをピンク色に塗り始めた。

私は思った。この子は、ほんの六か月前に英語を耳にしはじめたばかりなのに、今では見知らぬ人の言葉を完璧に理解し、落ち着いて英語を話しながら、自分の作品に集中していると。

彼女が身に付けた英語力は"you"と話しかけられた単語を、"I"に置き換えて返答する域にまで達していた（このような代名詞の変換は、日本語では、三歳という年齢ではふつう行われない）。うまく答えられなかった箇所は、"like"という動詞だけだった。日本語では述語は通常最後に来るので、動詞を文の最後に持ってくるというのは、この子にとって自然なことだったろう。けれども、彼女はそうはせず、英語の文型を守った。とっさに適切な単語が浮かび上がらなかったので、動詞の部分はブランクにしたけれども、私の顔を見て、私が彼女の言葉を理解したかどうかちゃんと確認したのだった。

a　早期英語イマージョン教育の長所とは

わが子を英語イマージョン・プログラムの幼稚園に入れる前に、親は、このプログラムから何が得られるのかを知る必要がある。加藤学園の幼稚園は、その点について非常に率直だ。どんな幼稚園でもそうであるように、最も重要な目標は、その子の情緒的、社会的、身体的、認知的局面を発達させることにある。加藤学園のさらなる目標は、こういった発達を、単一言語でもたらされたときと同じレベルにまで、二言語を通じて促すことだ。

私は、パーメンター、中川の両氏に、幼稚園を卒園した子供の平均的な語学力について教えてくれるように頼んだ。が、彼らはいんぎんに断った。幼稚園における言語能力育成の重点は、受動的スキル*一を育むことに置かれている、と彼らは言った。だが、園児たちはみな、自分

---

*一［訳注］聞くことと読むこと

のニーズや要求を英語でも日本語でも表現できる基本的なコミュニケーション能力を発展させる。どの子も、教室でやることについて適切に質問する能力を（ついでに言えば、トイレにいきたいというようなニーズを表現する能力も）身につける。プログラムの目標には、“I live in. . . ”（わたしが住んでいるところは……）、“Is this yours?”（これはあなたのもの？）、“My . . . hurts”（……が痛い）、“What day is it today?”（きょうは何曜日？）といったような文を生成することも含まれている。さらには“small—smaller—smallest”といった形容詞の変化も身につける。

幼稚園卒園時、子供たちの英語能力は、前述したようなことが限界である子もいるが、一か月という短い期間が、どれだけすばらしい変化をもたらせるかは誰にもわからない、と中川氏は言った。基本的な受動的スキルしか身につけない子供がいる半面、すばらしい能力を発揮する子供もいる。三十〜四十％の子供は「めざましい言語学習者」だ、と中川氏は説明した。「私たちの園児は、みなすばらしい受動的スキルを身につけます。でも、彼らの能動的スキル＊一もすばらしいものです。英語のネイティブスピーカーとリラックスして通常の会話を行うことができるのですから」手ぶりを交えて、彼女は続けた。「子供たちは言語を使いこなしているんです——ボールを投げるみたいに」

子供たちの楽しげな歓声を耳にしながら、人間に具わる発達能力を示すこのユニークな場所を後にしたとき、私は、日本のすべての未就学児が英語イマージョン幼稚園に通えたらどんな

＊一 ［訳注］ 話すことと書くこと

にいいだろうと願わずにはいられなかった。とはいえ、この願いは次の諸問題を浮かび上がらせる。日本人の子供の英語教育を三歳という早い時期に始めることには、どんな総合的な影響があるのだろうか？　早期の二言語併用主義は、子供の心を混乱させたり、日本人としてのアイデンティティを弱めさせるようなことはないのだろうか？　早期イマージョン教育の長期的な影響とはどういったものなのだろうか？

b　早期英語イマージョン教育の影響

未就学児に対するイマージョン教育の長期的な結果は、二つに分けて考えることができる。まず一つは、子供の心に対する影響、もう一つは、その子の人生におけるチャンスにかかわる影響だ。

英語イマージョン幼稚園は、どのような影響を及ぼすのだろう。プログラム・ディレクターのボストウィック氏によると、たとえ卒園児が初等学校のイマージョン・プログラムに進まなかったとしても、その子たちはいくつもの強みを手にすることになると言う。幼稚園のイマージョン教育は、国際的な事柄に関する意識の芽生えをもたらすだけでなく、英語の聞き取りと会話能力における確固とした基盤を築いてくれるからだ。第二言語に触れる機会はまた、第一言語を学ぶ素地を築く。

加藤学園幼稚園のイマージョン・プログラムの卒園生は、その約六十％が、同学園の初等学校のイマージョン・プログラムに進む。私は、残りの四十％の卒園生の行方を訊ねた。ボストウィック氏の答えは、そういった子供たちは、私立、公立のさまざまな小学校に進み、その多くの者が授業を日本語で行う通常の学校に進学するということだった。だとすれば、彼らの英語はどうなるのだろう?

定期的に使わなければ、子供は簡単に第二言語を失ってしまう。そのためボストウィック氏は、こういった子供たちが英語力を伸ばし続けることを強く勧めている。できれば自然な英語環境に身を置くのが望ましいが、それが無理なら、塾あるいは類似の機関でもかまわないと言う。

ボストウィック氏は、六歳児がそれまでに身に付けた英語力を週一~二時間の英会話学校のレッスンで保ち続けるのは難しいが、それでも、このようなレッスンを続ければ、その子がアクティブな英語のグループに再び参加するまで、少なくとも英語力喪失の速度を抑えることができると考えている。こういった状況にいる子に対して、親は、子供の英語力を保つこと、そして語彙を増加させることを目指すべきだ、と彼は言った。

幼い英語学習者は、英語の自動的なパターンを自然に身につける。これは発音に限ったことではなく、代名詞、助動詞、冠詞の使用法といった文法的なパターンも含まれる。もしこういったパターンを小学校に上がる前に身に付けることができれば、英語学習者がこのような問題に煩わされるという事態はなくなる。一方、もし中学生になってから、このようなパターンに初めて出会ったとしたら、意識的に暗記することで身に付けるしかないが、それは非常に難しい。教師たちがよく知っているように、十代の英語学習者が英語の自動的なパターンをマスターすることはほとんどないのだ。

c　長期的な影響

私は、初等学校からではなく、幼稚園からイマージョン教育を始めた子供に対する長期的効果について調べてみたことがあるかどうかと、ボストウィック氏に訊ねた。彼は、そのような調査は容易ではないが、一度試みてみたことがあると言った。彼が行ったのは、初等学校の一年生から四年生までの英語力の測定だった。その結果、幼稚園のイマージョン・プログラムの卒業生は、初等学校からイマージョン・プログラムに参加した子供たちより、リスニングにおいて英語の発音を聞きわけるのがやや優れていた。また、スピーキングにおいても、やや発音が優れていた。

幼稚園の英語イマージョン教育の影響が強く現れていたのは、世界の他の文化に対する生徒たちの前向きな姿勢や、英語圏でのホームステイを望むといったさらなる経験を求める姿勢だった。イマージョンの影響の一部は、人生の将来の展望に道をつけ、快適に暮らすことができる世界を広げることにある。

幼稚園のイマージョン・プログラムを卒園したけれども、その後集中的な英語教育を継続しない子供たちについて話していたとき、ボストウィック氏は突然、テニスンの詩を引いた。

'Tis better to have loved and lost
Than never to have loved at all ＊一

＊一　Lord Tennyson, Alfred (1849). In Memoriam.（邦訳は、『対訳テニスン詩集——イギリス詩人選〈5〉』富士川義之編、岩波文庫、二〇〇三年など）

愛して失ったことは愛さなかったことに勝る

彼は続けた。「外国語に一度接した幼い子供たちは、それ以前とはどことなく違う人になります。たとえ子供たちが大方の文法を忘れ、単語の記憶も薄れかけたとしても、通常の経験の範囲外にある何かに接したということは、外国人に対する違和感を取り除くのに役立つようです。小学校に進んだときには、新しい概念に対して、よりオープンで柔軟な態度を示すように見えます」

第二言語にすっと入りこむことができる能力には、どこか独特なものがある。ちょうど自転車の乗り方を身につけるように、一度コツを覚えてしまえば、二度とそれを忘れることはない。きっと、この切り替え能力こそ、複数の言語を話すことがごくふつうにみなされているところに住む人々の言語習得能力の根底にあるのではないかと思う。たとえ幼い子供たちが、ふだん使わない単語や言語を思い起こす能力をすぐに失ってしまうとはいえ、この切り替え能力のコツを身につければ、新たな言語に順応する能力を何らかの形で維持することができるのだ。

d　集団の影響は甚大である

加藤学園幼稚園では、集団プロセスや集団効果のことをよく耳にした。パーメンター氏は、クラスのメンバーが同じクラスに属することになったのは偶然とはいえ、各クラスはそれぞれ独自の性格を持つようになると言う。「子供たちは互いに影響を及ぼし合うのです。あるクラス――たとえば、ある五歳児のクラスは、とてもレベルが高く、精神的にも成熟していました。子供たちが互いに話している内容を聞くと、彼らの成熟度とやる気がわかります」教育者にとっての課題は、そういった高いレベルを全員が達成できる方法を探ることだ、と彼は言った。私は、五年後に再びここを訪れたら、きっと彼はそのやり方を見つけていて、私に説明してくれるだろうと感じた。

ボストウィック氏は、小学校のイマージョン・プログラムでは、英語で行われる通常の授業のペースについていかせるために、一年生の英語の読み書きの能力を急速に向上させなければならない、と言う。二十六文字のアルファベットしか使わない英語では、識字能力を身につける方法やスケジュールは、日本語とは異なったやり方で行われる。

幼稚園のイマージョン・プログラムを卒業した六歳児は、識字能力を伸ばす用意と意思があるため、こういった子供たちは、クラスの雰囲気とレベルの設定に貢献する。ボストウィック氏は、英語の〝エキスパート〟であるこのコアグループの存在は、一年生全員にとって恩恵になると言う。集団活動を通して、学年全体のレベルを押し上げてくれるからだ。

ただし、集団が常に恩恵をもたらしてくれるとは限らない。少なくとも、教師の立場から言えば、厄介な事態が引き起されることもある。ボストウィック氏は、イマージョン・クラス一期生が四年生になったときのエピソードを話してくれた。九歳になったとき、彼らは良好な英語の発音を集団で失ってしまったという。クラス全体が数週間のうちに退行してしまい、子供たちが生み出せる最良の発音は、非常に日本語的なアクセントと奇妙なリズムを持ったものだった。教師たちは、この発音を〝カタカナ発音〟と呼んだ。

危機感を募らせたボストウィック氏は、生徒の発音をテストし、職員会議で教授法とその傾向について再検討した。すべての教師は、「最近、正確な発音をするようにとしつこく生徒に伝えるようになったことを除いては、何も変えていない」と主張した。打つ手段は何もないかに見え、生徒たちの発音は、一斉に悪化していった。だが、ついに教師たちは、何が起こっていたのかを突き止めた。影響力の強い数人の生徒が、日本人のタレントたちのひどい英語の発音に気付き、こういったタレントの発音をまねしだしたところ、それがクラスにはやって、全員がそんな話し方をするようになってしまったのだった。

それまで教師たちは、この新しく強力な突然の集団的変化に頭を抱えていたのだが、生徒たちにとってみれば、いったん秘密が明らかになってしまったあとは、もうたいして面白いことには思えなかった。生徒たちは、以前には考えてもみなかった新たな団結を確立したのである。士気の高い集団だった彼らは、自分たちの新たなパワーを感じ取ったのだ。結局、生徒たちの英語のアクセントは、以前の容易に理解できるレベルに戻り、その後も順調に向上した。

私たちの経験では、九歳の子供たちが意識的に自分たちのアイデンティティを確立するようなことはほとんどない。中学校の教師たちは、そういったことを予期しているとしても、小学校教師は予測していないのがふつうだ。加藤学園では、ネイティブの英語教師もネイティブの日本人教師も全員が高い資格を持ち、それぞれの国で長年の経験を積んでいたが、バイリンガルの子供たちを教えた経験はほとんどなかった。この一件によって彼らが学んだのは、バイリンガルの子供たちのクラスは、モノリンガルな環境だったら教師が要求も予測もしない一定の自意識と集団意識——まさに一定の成熟度——を発達させる能力を持っている、ということである。

6　英語イマージョン教育を成功させるレシピ

英語イマージョン教育を日本で成功させるのは、ボストウィック博士が言うほど容易ではないと私には思われる。そこには障壁があり、イマージョン教育を成功させるには、こういった障壁を克服するだけの手段と意思が必要だ。私が必要だと考えることについて、これから詳しく説明してゆきたいと思う。本セクションでは、ボストウィック博士の考えを引いているとはいえ、解釈と重点についての判断は、私自身のものである。

ここで、これまでイマージョン教育について私が述べてきたことをまとめてみたい。人々が最も容易に言語を学ぶのは、自分にとって意味のあることについて意思を伝えるために、その言語を使うときである。学校においては、子供たちが外国語を介して教科の大部分を学ぶことにより、外国語を教科としてほとんど意識することなく、流暢さを身に付けることができる。イマージョン教育は、算数などの教科の学習を妨げることはなく、実のところ、日本人としてのアイデンティティを強め、国語の能力を高め、総合的な知性を強化するように見受けられる。

イマージョン・プログラムを実践してみたいと思ったら、まず、学校運営者や管理者の強力な支援を取り付けることが必要だ。たとえ、それが彼らの自尊心を脅かすものであったとしても、管理者の支援は絶対に必要である。次にすべきことは、従来の学校のプログラムよりもかなり高額につく冒険のための資源の確保だ。さらに、プログラムを成功させるには、適切な材料（生徒と教師）とそれらの適切な取り扱い（管理運営とプロセス）が必要となる。

a　材料——生徒と教師

まず、学校（あるいは幼稚園）教育を始めようとしている日本人の子供たちを、英語イマージョン・プログラムに入れることになる。開始年齢は、幼稚園入園該当年齢あるいは小学校一年次だ。こういった幼い年齢の子供たちは、覚えも早く、二つのコミュニケーション方法を身につけることにも疑問を抱かない。もっと年齢が進むと、子供たちは世界のありようや、その中の自分の位置についての感覚を発達させる。日本では通常、こういった現実的なイメージが、英語とは外国の知的ゲームで、学ぶには難しすぎるという考えを植え付けてしまう。

イマージョンに関する私のコラムが新聞に掲載されたとき、ある思慮深い秋田の高校教師が連絡をとってきた。彼が教えている多くの生徒は英語が嫌いなので、イマージョン教育が役に立つとは思えないという。生徒たちは、日本人なのだから、英語が必要になることなどない、と言うのだそうだ。これは、知的パズルとしての英語の習得に失敗し、自分の失敗に対して精神的な防御壁を築いてしまった生徒たちによくある、残念なエピソードだ。こういった不満は広く行きわたっているので、有無を言わせずに〝時期を逸した〟イマージョン・プログラム（中学生あるいは高校生になってからのイマージョン教育）を生徒に押し付けるべきではないという考えには、私も賛成だ。年齢が上がってからのイマージョン教育がうまくいくこともあるが、それは、非常にやる気のある生徒の場合だけである。

イマージョン教育を成功させる二つめの材料は、ネイティブスピーカーの英語教師だ。もし日本の教員資格を持っていなければ、補助教員と呼べばよい。外国人教師は優秀な人材でなければならない。母国の教員資格を有し、日本で教えることになる生徒たちと同年齢の生徒に専門の教科を教えた経験が豊富にあることが必要だ。さらに求められるのは柔軟であること。見知らぬ国に来ることをいとわず、右も左もわからないときでさえ、教師としてやるべきことをやらなければならないからだ。

優秀なネイティブの教師を探すには、途方もないエネルギーと工夫の才が必要になる。イマージョンの教師たちには、今まで積んできた訓練と経験に見合う報酬を与えるべきだ（当該学校の新米教師の報酬ではなく）。彼らを引きとめておくためには、あらゆる種類の心理的、実際的サポートを提供しなければならない。というのは、日本の学校制度の中で教えるということは、彼らがなじんできたこととは大きく違っているからだ。日本の教師の仕事は厳しい。外国人教師にとっては、実際に経験する前に想像していたどのようなものよりも、要求が多く、時間を奪われ、フラストレーションが募る体験になる。

b　管理運営とプロセス

材料——生徒と教師——が集まった時点で次にやることは、それらを混ぜ合わせて、提供することだ。イマージョン・プログラムの運営はオペラを演出するようなもので、相互に関連し合う専門的な作業が複雑に絡み合っている。各部分が機能しなくなる可能性はどこにでもある。作業の種類は多岐にわたるが、ここでは、カリキュラムを組み立てて実行すること、コミュニケーション、教科書の翻訳、テスト、運営全般にかかわる事項について述べることにする。

文部科学省の学習指導要領に従っていようが、それ以外のカリキュラムに従っていようが、イマージョン・プログラムでは、二つの流れに留意しなければならない。教科の内容を発展させながら、それと同時に、使用言語を徐々に複雑化させていかなければならないのだ。これを行うには、細心にわたる計画と、教師との無数の打ち合わせを行って、この二つの流れが正しい方向に確実に向かうようにしなければならない。

英語は、自然かつ付随的なものとして扱うことが必要で、直接注意を払うべき対象としては扱わない。もちろん、プログラムの講義要綱には、生徒の知識が深まるにつれ、言語の複雑さを増していくという隠れた意図がある。何と言っても、このプログラムは学校教育であり、たとえネイティブの英語話者の学校でも、国語としての英語の授業は必要だ。

ボストウィック氏は、「優れたイマージョン・プログラムとは、より長く、より複雑かつ理路整然とした言語の使用を要求する活動を提供しながら、言語の特定の局面（形式）あるいは使用法（機能）を生徒に気付かせる手段が盛り込まれているものです。そのため、イマージョン・プログラムでは、言語を実践的かつ本物の文脈において使用しながらも、〝形式の重視〟が、重要な役割を果たすのです」と言う。

イマージョン・プログラムにおいては、スタッフ間のコミュニケーションが非常に重要だが、これは非常に難しいことでもある。日本人教師と外国人教師は、たとえ互いの言語をよく理解していない場合でも、チームを組んで指導することが必要だ。ディレクターは、どんな細かいことでも、どんな目的においても、彼らが意思の疎通を図れるように支援しなければならない。

ネイティブの英語教師もまた、保護者や他のスタッフとよくコミュニケーションがとれるようにならなければならない。職員会議、保護者会、学校要覧、メモ、などにおいて、日英／英日の翻訳が必要になることもよくある。

教科書の翻訳は、それだけで大きな問題だ。授業を文科省の指導要領に従って行うのであれば、あらゆる教科書の全ページを（出版社の許可を得たうえで）翻訳しなければならない。翻訳を行い、チェックし、それを印刷製本する作業は大きな労力を伴い、しかも、教科書は改訂されるため、終わるということがない。翻訳を外部に委託するのも不可能だ。というのは、翻訳者は、各学年の指導要領に準拠した語彙のレベルを理解している者でなければならないからである。

テストは、平均的な学習習熟度を測定するためだけでなく、保護者や一般の人々に対して、生徒が期待に沿う進展を遂げていることを実証するためにも必要だ。各学年ごとに、慎重なテスト計画を立てよう。優れたテスト（有効で信頼できる基準準拠検査）といったものは、なかなか見つからない。たとえば、イマージョン・プログラムの生徒のほとんどは、中学校終了時に、英検二級に合格する。だからといって、これは何を意味することになるのだろう？ 英検のテストでは、推定信頼度と有効度は開示されていない。それに、英検二級は大学入学時の学生を対象としているため、英語のレベルはイマージョン・プログラムの生徒にとって難しくないとしても、テストに出題される概念の多くは中学生の経験を超えたものだ。もしテスト内容の概念が中学生にふさわしいものだったら、生徒たちは、ずっと高い得点をあげられるかもしれない。こういったことがあるため、一般的な検定だけでなく、生徒にとってより妥当性の高いテストを補完して行うことが必要になる。

イマージョン・プログラムは、優秀なディレクターなしには存続できない。ボストウィック氏は、ディレクターの役割とは（これ以外にも多々あるものの）、カリキュラムのチーフ・デザイナー、あらゆる翻訳と通訳の監督者、教員採用者、保護者との主連絡係、スタッフ（日本人と外国人双方）に対するチーフ・カウンセラー、外国人スタッフの主な擁護者、代用教員、チーフ広報担当、プログラム評価者、渉外担当、調停者、そしてチアリーダーであることだと言った。見識、忍耐力、粘り強さがなければ、ディレクターは務まらない。

なかでも、最も必要とされるのが忍耐力だ！　もしディレクターが怒りやフラストレーションを露わにしてしまったら、イマージョン・プログラムは、それを潰そうと待ち構えている者たちの餌食になってしまうだろう。私は、どんな人でも椅子を蹴って相手につかみかかりたくなるような頑迷な意固地やあからさまな敵意に直面したときでも、ボストウィック氏が冷静に座り続ける姿を長年にわたって見てきた。そんなとき何を考えているのか、と彼に訊ねたところ、ボストウィック氏の穏やかなコメントは次のようなものだった。「腹立たしさを示せば、短期的には満足感が得られるかもしれませんが、長期的な仕事の上での信頼関係は損なわれてしまうでしょう。忍耐力を示すことにより、ディレクターは相手の理解と支援をとりつけることができるのです」

ディレクターの重要性は、経営者と教師の後に来る三番目のものだと、ボストウィック氏は謙虚に言う。けれども私は、ディレクターこそ、イマージョン・プログラムの鍵だと思う。とはいえ、どの地位が最も重要かということを議論するのは、無意味なことだ。というのは、イマージョンのレシピを成功させるには、それに関わるすべての人が非常に優秀であり、しかも非常に調和して機能することが欠かせないからだ。

C　バイリンガルな日本を目指して

日本で目にする英語は、着実に増えている。一九八五年に初めて来日したとき、私は新宿で迷子になり、一時間ほど途方に暮れた。だが今や新宿駅はアルファベットにあふれ、いくらかの英語さえ散見するので、これほど混乱させられることはもはやないだろう。このことは実際、日本全国について言えることだ。今では、テレビでも多くの英語を目にし、オバマ大統領のような有名人の言葉は、日本語の吹き替えではなく、日本語の字幕とともに英語のまま放映される。最近私は、朝のテレビ番組の「占星術」のコーナーで、多くの英単語が使われているのを目にした。たとえば、“horoscope countdown”“usual”“unlucky”“watch out”“Have a nice day”といった具合に。少なくとも若い人々は今、英単語を自然に身につけることができるし、不正確さについて批判されないと安心できたときには、実際、いくらかの英語を話すことすらできる。

英語が日本に不可欠なものだとするならば、唯一の合理的なリアクションは、それをできる限りの優雅さと気品を持って受け容れることだろう。このセクションでは、英語の受容を助ける可能性のある態度と行動について示唆したい。

1　二言語併用主義《バイリンガリズム》におけるウェールズの経験

英国では、二言語併用主義を妨げようとした悪しき時代は、すでに過ぎ去ったものと一般にみなされ、学校教育に関するＢＢＣ（英国国営放送）のウェブサイトには、次のような文句が掲げられている。「二言語併用主義は、二十世紀の大部分のあいだ、思考、性格形成、そしてとりわけ教育における潜在的な欠点であるとみなされていた。だがここ数十年間においては、二言語併用主義はあらゆる子供たちに確かな恩恵をもたらすという見方が世界の主流になっている」

ＢＢＣは、「一九六〇年代から今日までの国際研究」に基づくものとして、二言語併用主義の九つの長所を挙げている。それらに含まれているのは、二つの文化へのアクセス、他の言語と文化への寛容な態度、教育上の強み、就職における強み、第三言語習得の容易さ、自尊心の向上、そして「脳への好ましい影響」だ。この脳への影響については、四つの利点――創造的思考、感受性、ＩＱ、読解力――が挙げられている。

今日のウェールズでは、ウェールズ語と英語の二言語併用主義が称揚され、奨励されて、広まっている。二〇〇一年の国勢調査では、ウェールズ語が話せるウェールズの総人口は二〇・八％に増加した。とりわけ重要なのは、三歳から十五歳までの人口に占めるウェールズ語を話せる割合が三七・七％に増加していることだ。

ウェールズにおける二言語併用主義が、いかに研究に裏付けられた方針として阻止されていたか、そしてその方針と研究がいかに一八〇度の方向転換を果たして、人々に重大な影響を与えたかを説明することは、二言語併用主義を考える上で有益だろう。

ウェールズはグレートブリテン島*一の西の半島地域を占めている。有史以前から使われてきた当地の言語は、さまざまな種類のケルト語だった。ウェールズ人はグレートブリテン島に侵攻したローマ人とアングロ・サクソン人を退けたが、一二八二年にイングランドの支配下に置かれ、それ以来、英国王室の第一皇太子には"Prince of Wales"の称号が与えられるようになった(現在は、チャールズ皇太子)。一五三六年には、イングランド議会にウェールズの代表が組み入れられ、英語が法的手続きにおける公用語になった。

二百年前、ウェールズ語を話す人口は、ウェールズ総人口のおよそ八十%を占めていた。しかし英語は、産業の発展、都市への人口流入、移民参入と歩調を合わせて、支配的な言語になっていった。百年前には、ウェールズ語を話す住民は五十%に減った。当時は、列強が帝国による支配を拡大した最盛期で、言語のコントロールは領土支配政策の一部とみなされていた。いずれにせよ、宗主国は、自ら理解できず、学ぼうとも思わない言語を、支配下の住民に許すようなことはしなかった。かくしてウェールズ語は、消滅の道に押しやられるという運命を辿った。こういった種類の変化の影響が現れるのは何世代も経ってからだが、一九八一年に行われた国勢調査では、ウェールズ語の話者はウェールズ総人口の十九%にまで落ち込んでいた。

詩人ディラン・トマス(Dylan Thomas: 一九一四―一九五三)と俳優リチャード・バートン

＊一 〔訳注〕 イングランド、ウェールズ、スコットランドを含む

(Richard Burton: 一九二五―一九八四）の声がこだまする土地、ウェールズは、母語であるウェールズ語の美しさと力強さに誇りを抱いて当然だった。にもかかわらず、ウェールズの人々は何世紀ものあいだ、英語に敵対するとみなされた言語であるウェールズ語の価値に対する疑念を耐え忍ばねばならなかった。イングランド支配が続いた数世紀の間、イギリス人たちは、ウェールズ語は羊小屋や納屋の管理にのみふさわしい言語で、美や崇高な理念などを表現することができない粗野で劣った言語であるとみなし、一部のウェールズ人にもそう信じ込ませてきた。

一九二〇年代、若かりしディラン・トマスは両親がウェールズ語と英語を話すのを耳にして育った。けれども両親は、学識のある若者にウェールズ語が役立つとは思わず、トマスはついにその言葉を話すことはなかった。とはいえ、その言葉はトマスの骨身に染み込んでいた。スウォンジーにあるグラマースクールに通っていた頃からの親友だったチャールズ・フィッシャーは次のように語っている。「ディランがウェールズ人の繊細な感受性について語るのを聞いたことは一度もなかった。だが、ウェールズらしさは彼の人格そのものの一部となっており、それを放棄することなど全くできなかっただろう。彼のスピーチ、ふくよかさ、雄弁、情熱は、まさにケルト人のものだった」

a　二言語併用主義の脅威？

言語学習の研究は、見かけほど無害ではない。こういった研究は、偏見がない客観的な真実だけをもたらすものだと、私たちは思いこみがちだ。けれども最も尊敬を集めている研究者であっても、自らのデータを一般的な偏見に沿って解釈する傾向があるということに、私たちは留意すべきである。

帝国主義者的思想に歩調を合わせるかのように、一九二三年（ハロルド・パーマーが来日した年の翌年）に、ウェールズ人の研究者、D・J・セーア[*一]が、モノリンガルの英語話者およびウェールズ語と英語のバイリンガルであるとされた子供たち千四百人に対して、IQテストを実施した。その結果、農村地域におけるバイリンガルの子供たちのIQは、モノリンガルの子供たちのものより十ポイント低いというデータが導かれた。このデータからセーアが導きだした結論は、二言語併用主義は思考を混乱させ、どちらの言語においても高いレベルに到達することを妨げるというものだった。

セーアの結論は、二十世紀の大部分を通して、世界中で、確たる事実として容認された。ほとんどの教育者や親たちは、二言語併用主義は精神発達に有害だと信じ、それを防ぐための手段がとられた。日本とアメリカにおける効果的な手段とは、第二言語の学習を中学生になるまで遅らせるというものだった。

セーアの研究の欠陥は、ずっとあとになるまで広く認識されることはなかった。現在の観点から見れば、彼の調査の主な欠陥は（他にもあるものの）、調査対象の社会経済的地位を考慮せず、統計的有意性を検証せず、IQテストを調査対象の優勢言語ではない英語で実施したことにある。現在なら、セーアの研究はおそらくどこの学術誌にも採用されないだろう。調査技

＊一　Saer, D. J. (1923). The effect of bilingualism on intelligence. British Journal of Psychology, 14, 25-38.

法は粗雑で、データは結論を裏付けるに不十分だとみなされるに違いない。

b　ウェールズ語の復興

研究者たちがまだウェールズ語の状況を再検討しようとしてもいなかった一九三〇年代、ウェールズの愛国者たちは、二言語併用主義の評判を回復するという長きにわたる活動と取り組み始めた。ウェールズ語とウェールズ文化を保存するための協会がいくつも設立され、立法者たちは、ウェールズ語の衰退を反転させて、消滅から救うべきだというプレッシャーを感じ始めた。

ウェールズ語の衰退を反転させることは、ちょうど船の向きを変えるように、当初ほとんど効果がないように思えた。けれども、ウェールズ語に対する敬意の高まりが、この運動に拍車をかけた。その結果、ウェールズの子供たちがウェールズ語で教育を受ける機会は増えていった。

ディラン・トマスに遅れること二一年後に近くの町で生まれた俳優、リチャード・バートンは、ウェールズ語復興の精神を体現した人物だったように思える。彼はウェールズ語を話し、最初に出演した映画も、ウェールズ語で撮られたものだった。出演したすべての映画を通じて、バートンの豊かで力強い声は、彼の祖先の言語の響きを伝えているように聞こえる。

一九六二年になって、マギル大学のエリザベス・ピールとウォレス・ランバートが、カナダにおけるバイリンガルの子供たちに関する研究結果を発表した[*1]。この研究では、言語的および非言語的な知能テストの双方において、フランス語と英語のバイリンガルの子供たちが、モノリンガルの子供たちより有意に高い成績を上げていた。研究者たちは、認知的柔軟性、創造力、多角的な思考という面において、バイリンガルの子供たちはモノリンガルの子供たちより優れていると結論付けた。

日本はまだ、二言語併用主義が有害であるという考えを退けるところにまで至ってはいない。日本の研究者の一部、とりわけ国際的な学術文献に通じている研究者たちは、二言語併用主義を躊躇することなく支持している。けれども、それ以外の者は、言語学的帝国主義の記憶があるためか、二言語併用主義、とくに子供たちにおける二言語併用主義は有害であると強く主張する。

ウェールズと日本の状況は同じであるとは言えない。ウェールズでは、ウェールズ語ははるか昔からの民族の遺産で、民族の誇りや国民感情といったものと固く結びついているし、英語は強要されたもので、ウェールズ語の代用とみなされるようになったという経緯がある。現在、英語は代用言語というよりも、ウェールズ語を補完する言語とみなされるようになってきており、英語の役割がこのようにみなされるようになったことで、多くのウェールズ人の親たちが、わが子をバイリンガルに育てる機会を大事にしている。

＊1　Peal, E and Lambert, W. E. (1962). The relation of bilingualism to intelligence. Psychological Monographs, 76, 1-23.

日本では、民族が継承してきた言語は日本語であり、英語は帝国主義の列強から強要された言語だったわけではない。英語は世界への窓を開くもの、そして日本の経験を補完するものになることができる。脳への好ましい影響については、いわずもがなだ。

　ほんの二九〇万人の人口しか持たないウェールズは小さな国である[*一]。けれども、二言語併用主義に対するウェールズの態度の変化は、日本にとっても参考になるだろう。

2　幼児をマルチリンガルに育てる

　日本では、過去十年のあいだに、赤ちゃんを日本語と英語のバイリンガルに育てようとする動きが盛り上がってきている。両親双方とも日本語を母語とする話者である場合でも、赤ちゃんと共に自分たちもバイリンガルになろうと決めた人たちもいる。二〇〇三年当時、東京都文京区でコージーベア・スクールを営んでいたサイモン・ダウンズ博士は、こういった動きに関する私の関心を惹いた。

　ダウンズ博士は、次のように私に書き送ってきた。「ある日、息子と公園で遊んでいたとき、とても変わった光景を目にしたのです。前方にいた日本人と思われる女性が息子さんに英語で話しかけていました。"Can you kick the ball to me?"（こっちにボールが蹴れるかな?）、"Is

＊一〔訳注〕英国の正式名称〝グレートブリテン及び北アイルランド連合王国〟を構成する「国」のひとつ

that fun?"（おもしろい?）、"Wow, what's that?"（わあ、それ、なにかしら?）などとね。この女性は息子と二人きりのように見えました。だから、きっとご主人は外国人なのだろうと思ったのです。そうしたら、ご主人が現れました。日本人でした。そこで、何をしているのか彼女に聞いてみたのです」

この女性は井原香織さんだった。彼女が何をしていたかというと、息子のK君に意識的に英語で話しかけていたのである。井原夫妻は、K君が生まれた時から、ずっと英語で彼に話しかけてきた。その目的は、息子の視野を広げ、彼にとって英語がやさしく、自然なものになるようにすることにあった。学校で「第二言語として勉強するストレス」を与えないために。

井原さん自身は一度も海外生活を経験したことはなく、自分の英語は完璧なものなどとは程遠いと言った（息子が生まれたときには、「おむつ（diaper）」のことを英語で何と言うのかも知りませんでした、と彼女は言う）。けれども、井原夫妻は、日々の生活で英語を話すことこそK君がバイリンガルになる最上の方法であり、その過程で、自分たちの英語も上達するものと考えて、それを敢行した。K君は家にいるとき、約三分の二の会話は英語を使い、それ以外のときと日本人の友達と遊ぶときは日本語を使った。

私がK君に会ったとき、彼は二歳九か月だった。英語を学んでいる幼児のほとんどと同じように、彼はエラーのまじった複雑な英語の文を生成していた。たとえば、"Mommy, I (was) scared (of) him because he was on the trampoline."（ママ、ぼく、あの人をこわがらせたんだ*一。

＊一 ［訳注］ K君が言いたかったのは、〝あの人が怖かったんだ〟ということ。

あの人トランポリンに乗っていたから)、"The first driver was waving to us and the two (the second とすべきところ) driver was waving to us, but the third driver wasn't waving to us."(最初の運転士は手を振ってくれた。ふたつの運転士は手をふってくれた。でも三番目の運転士は手をふってくれなかった)、"The ball is under the couch. Can you get it? I can't reach."(ボールがソファの下にあるの。とってくれる? ぼくにはとどかないから)。これだけ上手に英語が話せたら、誇らしく思う高校生は少なくないだろう。

a 草の根運動

これは井原一家に限ったことではない。数百、おそらくは数千もの日本人家族が、子供たちを日本語と英語のバイリンガルに育てようと意識的に努力している。これは草の根運動だ(つまり、政府などの公的機関に先導されて行っているわけではない)。もしかしたらこういった動きは、公的指導による英語教育の情けない結果に対する反動ですらあるのかもしれない。この運動は今、力強く成長しつつある。

井原さんはコミュニケーションの達人だ。日本語でウェブサイトも運営している(『英語de子育て』http://eigode.info/)。三百人の会員が意見を交換する電子メールのメーリングリストの管理者でもあり、毎月八百人の会員に送付する月刊誌も刊行している。さらには、一クラス十家族限定で、月に二回、講義もしている。

井原さんと、ダウンズ博士は友情を育み、彼は、コージーベア・スクールで"英語de子育て"教室を開くことになった(二〇〇三~二〇一〇)。一クラスあたり平均四家族、週一回行われた授業には、家族全員が参加した――母親と幼児だけでなく、兄弟姉妹、父親、祖父母、他の親類まで。

ダウンズ博士は言った。親はふつう子供に、日本語や自らの文化的アイデンティティを失うことなく、英語を可算的に身につけさせたいと思っている。ビデオを見たり、絵本を読んだり、日常生活で少し英語を使うといったことを通じて、英語それ自体の楽しさと自然さを教えることを望んでいるのだと。コージーベア・スクールのレッスンが重点を置いていたのは、授業を通して英語を教えることよりも、日常生活で楽しく子供たちと一緒に英語を使う方法を親たちに伝授することだった。

子供たちを英語で育てる草の根運動には、親たちの間における活発なコミュニケーション活動が必要だ。これは情報共有と支援を目的とした緩やかな組織、いわゆる〝サークル〟を立ち上げることによって行われている。井原さんのウェブサイトも、そんなサークルのひとつだ。ダウンズ博士は、二〇〇三年の時点で、日本には子供の英語サークルが八十以上もあると推測していた。今ではその数は数えられないほどに増え、どの街にも赤ちゃんを日本語と英語のバイリンガルに育てるためのスクールがあるように見える。ダウンズ博士は現在、日本バイリンガル子育て協会（JARBC: Japanese Association for Raising Bilingual Children）の会長を務めている。

b　マルチリンガルな子供たち

日本の多くの親たちは、わが子が英語をあまりにも早い時期に、あまりにも上手に身につけてしまうと、日本語と日本文化の習得が損なわれるのではないか、と心配する。こういった心配は、モノリンガルな社会に住む人が二言語併用主義について考えるときに典型的に抱くものだが、これはいわれのない怖れである（第三部 B-4「イマージョン教育からわかったこと」参照）。マルチリンガルな親たちは、こんな心配はしないらしい。私のもとに、赤ちゃんが数か国語を話すように育てている人々から投書が寄せられた。そんな家族の例をふたつ紹介しよう。

現在十四か月になるR君は、日本人の母親とベルギー人の父親とともに、ベルギーに暮らしている。R君の両親は家庭内で、日本語と英語とフランス語を話す。父親はそのほかにも、イタリア語、オランダ語、そしてアラビア語もいくらか話す。R君はイタリア語と日本語の歌を聞き、フランス語で語られるペルー民話のCDを楽しみ、テレビ番組は、日本語（『お母さんと一緒』）、英語、オランダ語（大好きなのはオランダ語で〝Nijntje〟と呼ばれる『ミッフィー』）の番組を観ている。また、クラシックやジャズの曲もたくさん聴いている。

当初、R君の両親は〝親ひとりにつき言語ひとつ〟というルールを採用しようと思っていた（これは、子供をバイリンガルに育てる方略のひとつだが、研究調査による裏付けがあるわけではなく、私は不必要なものだと思っている）。けれども夫婦はその後、こう考えた。「わたしたち夫婦はふだんから互いに日本語、英語、フランス語を使って話しているのだから、〝親ひとりにつき言語ひとつ〟というルールに従うべきではない、と気づいたのです。自然でないことを教えることこそ、最もやるべきではないことでした！」母親はR君に話しかけるときに多くの身ぶり手ぶりを交えるので、これが彼の理解を助けている。彼女はまた、本の読み聞かせをたくさんしている。

R君は十か月で話し始めた。最初の頃の言葉は、"Maman"（フランス語の「ママ」）や「いや」（日本語）といった一語文だった。「ねむ」（眠い）と言う一語文は、十四か月になって、「ねんね」（眠る）という言葉に換わった。R君は「自分自身の言語でとても長い文を使って、見たもの、やったことについて話し、身ぶりをたくさん使う」と父親は報告している。

こういった学習スタイルは、言語学者たちによって、すでに観察されている。多くの子供たちは個々の単語をバラバラに覚えることに加えて、理解可能な単語や表現を発話に盛り込めるようになる前から長い発話全体の音とメロディーを練習する。おそらくR君は、彼が耳にしているそれぞれの言語の、さまざまな〝メロディー・ライン〟を練習していたのだろう。このメロディーに対する感性こそ、言語が有する精神と構文に合致する発話の骨組みを作り上げるうえで役に立つものなのだ。

ここでもうひとり紹介するマルチリンガルな子供は、アレクシス君だ。彼の父親は日本人で、母親は「キーウィー・チャイニーズ」つまり、中国系ニュージーランド人である。アレクシス君はニュージーランドで生まれ、十一か月のときに日本にやってきた。父親は彼に日本語と英語を話し、母親は彼に英語と中国語と日本語を話す。あと少しで三歳になるアレクシス君は、英語と中国語と日本語を話すことができる。すでに英語のアルファベットとひらがな、三十個の漢字も覚え、これら三つの言語で数を数えることができる。

それだけではない。一歳前後のころ、アレクシス君はマレーシアにいる祖母のもとで三か月を過ごした。そこでは、中国語の福州方言が話されていた。アレクシス君は祖母の言葉がすぐに理解できるようになり、一家で日本に移住するころには、マレー語も覚え始めていた。

アレクシス君は今、日本人の幼児のプレイグループに週に一度参加している。英語のプレイグループにも九か月間参加していた。母親は多くの時間をアレクシス君とともに過ごし、何らかの理論に従うのではなく、息子がやりたいと思うことをやらせている。それには、「息子でも遊べるコンピュータのおもちゃ、ＢＢＣ（英国国営放送）や他の子供向けウェブサイトにある英語の子供のゲーム、歌、お話の本（『メイシー』シリーズがお気に入り）、玩具、調理用具を含むお手製のおもちゃ、ビデオＣＤ、ビデオ、フラッシュカード、外遊びなど」が含まれるという。

こういった成功例から、子供たちがバイリンガルに育てられようと、マルチリンガルに育てられようと、そこには、子供たちが楽しんでいるという共通の要素があると結論付けることができるだろう。子供たちにとって、言語を学ぶことは単調な重労働ではないのだ。プレッシャーもないし、ストレスにさらされるような雰囲気もない。子供たちは、自分たちがやりたいこと――自分の周囲の大事なひとたちとコミュニケーションをとること、そして、さらに新しく、楽しいコミュニケーション方法を身につけること――をやっているだけだ。

私は、日本の人々が英語を通じて子育てを行っている成功例を通して、ここには確かに、新しい形の英語――世の中に認められ尊重されてしかるべきもの――が育っているのではないかという考えに達した。そこで、〝ジャパニーズ・イングリッシュ〟を認知させるために、コラム記事を書いた。この記事に対する反響は種々様々かつ非常に興味深いものだったため、より詳細な説明を行う必要があると感じ、「日本における英語の将来とは」と題するコラム記事をもう一本書いた。次のセクションは、この二本のコラム記事からの抜粋である。

3　認知されるべきときに来ている日本英語（Japanese English）

〝ジャパニーズ・イングリッシュ〟（日本英語）は、英語の劣ったバージョンなのだろうか？「イエス」欄にチェックを付ける前に、ここでちょっと立ち止まってほしい。日本英語は独立した正当な英語であるという可能性について考えてみよう。日本英語は今、〝正しい〟英語ではないと自ら卑下する態度を打ち破り、世界の諸英語の間に、誇り高く、正当な地位を占めようとしているのだ。

今日では、さまざまな英語が認知されている。イギリス英語、アメリカ英語、オーストラリア英語、インド英語、シンガポール英語、ジャマイカ英語などは、そのほんの一例だ。それぞれの英語には、独特の発音やリズム、また独自の語彙がある。私は、インド英語のきびきびした発音や、フィリピン英語の音楽的な響きが大好きだ。日本英語も楽しい。けれども、世界の諸英語のあいだで、日本英語は最も尊敬されていないように思える。

そうなのだ。日本英語というものは確かに存在し、それは日々、力強く育っている。ここで話しているのは、日本語の文章に組み込まれた英語からの「借用語（外来語）」のことではない。私が言っているのは、英語で行われる会話に日本語の風味が加味されたものだ。日本英語には独自の特徴がいくつかある。

日本英語の発音は、日本語のパターンとリズムに順化されている。その結果は、よく批判されるような〝カタカナ英語〟ではなく、英語を日本人の耳に聞き取れるようにする、新たな独自のブレンドだ。日本語にない音は、特に注意がはらわれる。たとえば、〝v〟は「ヴイ」、そして〝r〟と〝l〟を区別する必要があるときには(区別する必要はないとされることが多いが)、慎重に発音される。単語は、各音節の子音に母音が続くという日本語の特徴に合わせて改変され、子音がいくつも連なるときは、音節が追加される(それゆえ、たとえばLarviaという国名は、「ラトヴィア」と発音され、もとの英単語にはなかった「ト」という音節が加えられる)。

日本英語では、必要なのになぜか他の諸英語に欠けている意味が単語に補足されている。かくして、“midnight”は時計が午前零時を打ったときのことではなく、まともな人々が眠りにつく夜の暗い時間すべてを指すことになる。“staff”は日本英語では可算名詞になるため、“He will bring two staff with him.”という表現が可能になる。“barrier-free”は、車椅子が使えるかどうかを指す。“heartful”は、“heartfelt”に似ているが、heartfeltが個人の発する心情の吐露を指すのとは違って、複数の人々の間で共有される心情のことを指している。

日本英語では、動詞が独特の意味を表わすことがある。“to claim”(自動詞)は、不合理な扱いを訴えることを意味する。また、相手の意見を訊ねる“What do you think?”は、“How do you think about it?”という表現に置き換わる。

創造的な構文も、日本英語の顕著な特徴だ。これは、標準的な構文を予期している者にとっては驚きを持って受け取られるが、その意味は通常、じゅうぶんに理解可能だ。おそらく自然な思考の流れに沿っているからだろう。文は〝トピックがまず来てコメントがそれに従う〟というパターンをとる。たとえば“Ms. Takahashi, she set a new record.”といった文がこの例だ。

とりとめのない文もＯＫである。我が家の近所にある自動販売機には、こんな文句が飾られている。"(The vending company) selects first-class ingredients with confidence for offering consumer best products which get you a nice time day after day."（当社では、お客様に日々楽しいときを過ごしていただける最高の商品をお届けできるという自信のもとに最高級の材料を選定しております）。この文を自然な英語に直してしまったら、この文が持つ独特の魅力は失われてしまうだろう。

日本英語は、それを話す〝ネイティブスピーカー〟の数がじゅうぶんではないため、本格的な諸英語のひとつになることはできないだろう、という反論があるかもしれない。けれども、ネイティブスピーカーがいるかどうかは必須要件ではないのだ。インド英語のように、日本英語も本質的には第二言語として使われる。この役割において日本英語は、単に外国人とコミュニケーションを行うためだけではなく、日本社会においても特別な状況で互いにコミュニケーションをとるときに有益だ。

a 〝Japlish《ジャップリッシュ》〟への非難

おそらく小学生だったときの厳格な教師の記憶があるためか、英語のネイティブスピーカーは、日本英語に対して感情的に反応する。「そんな英語は間違っている！ 完全な誤りだ！ 耳障りだ！」と。こんな意見に対する正しい反応は「耳障りかどうかは、あなたの側の問題だ」というものだろう。けれども、日本人はイギリス英語やアメリカ英語の紳士気どりをあまりにもおとなしく受け入れてしまう。言語学者たちは、いかなる言語の方言についてもそれが他より優れているという証拠は見出していない。あらゆる言語のあらゆる方言は、その文化において表現する必要のあることが表現できる能力を具えている。もし私たちが日本英語に偏見を抱くならば、それは私たちの問題であって、日本英語側の問題ではない。

日本英語を非難する者たちの対極にいるのは、楽しく、かつ偉大なエネルギーを持って英語を抱擁している一部の日本の人たちだ。日本のポップソングや、Tシャツや広告に使われる英語は、無意識に生み出され、活力にあふれている――ほとんどの教師たちが信奉する〝正しい〟英語からは正反対のものだ。イギリス英語やアメリカ英語が厳格なのに対し、日本英語は寛大だ。この新しい変種が持つ利用価値の高いエネルギーは、抑圧されるのではなく、活用されるべきである。

英語学校の中には、利潤追求のため、あるいはいくつかの場合は見当違いの熱意から、日本人の潜在的な顧客を恥じ入らせることにより、〝正しい〟英語を身につけるレッスンの契約を結ぼうとするところがある。人々に自信をなくさせて金を儲けようとするこのような詐欺師に対して、私は怒りを禁じえない。さらに悪いことに、生徒に非現実的な目標を与えることは、言語を学ぼうとする人の意欲に恒久的なダメージを与えてしまいがちだ。私の生徒に、十五年間にわたって英語を学んでいた人がいた。彼女は、新しい教師から、発音をゼロから学び直し、今度はイギリス英語を〝正しく〟学ぶべきだと言われ、素直に受け入れてしまった。その結果、彼女の英語学習の成果は何年も後退し、数百万円も無駄にすることになった。ほとんどの生徒には、高級なアクセントなど必要ない。彼らが必要としているのは、聞き取ることと話すことにおけるスムーズな習慣を身につけることだ。こういった習慣は、学ぶ英語の種類が学習者に沿ったものであるときに、よりたやすく身につく。

日本英語は、正しいかどうかを気にして躊躇する必要がないため、流暢さを身につけるのにはとりわけ有効だ。日本英語を駆使する能力があれば、会議への参加、外国への旅行、歌や広告コピーの作成、そして英語の他の方言で書かれた小説や映画や歌を楽しむことができるようになる。標準とされているもの以外の英語を流暢に話す力は、それを極めようとする努力を怠らなければ、かなり容易に身につくだろう。

b　教えることへの影響

日本英語が、あふれるような活力を持って世の中で使われている事実はすばらしい。これは大いに奨励されるべきであり、非難されるべきことではない。この事実は、日本人の若者は英語を学習する意欲がない、という大方の見識を確かに覆している。世界中の若者と同じように、日本人の若者も英語を身につけたいという大きな願望を抱いているのだ。ただ、そういった自然な関心が、あらゆるところでくじかれているだけなのである。

世間で使われている日本英語の衰えを知らぬ活力は、日本における英語の真の力を示している。生徒たちは当然のことに、学校で教えられる自分たちの生活に関連のない〝正しい〟英語に飽き飽きしているのだ。日本の学校を卒業した者たちの発音の悪さが批判されるのは不公平だ。標準的な発音を身につけるのがほぼ不可能になる年まで、正式な英語の学習が始まらないのだから。生徒たちは、学校の外では、自分たちに意味のある英語を熱心に身につけて使っている。

本格的な英語指導が中学校まで遅らされているならば、より難しい英語よりも、日本英語にターゲットを絞って教えたほうが効率的であることは明白だ。生徒たちが熱中できるものを差し出すことは、生徒の態度だけでなく、教師の仕事も革命的に変えるものになるかもしれない。標準的なイギリス英語やアメリカ英語における流暢さは、文学者や演技者、通訳、そしてもちろん国際的な交渉者などに任せておけばいい。

もし日本英語が学校で教えられ、社会で奨励されるようになれば、英語のネイティブスピーカーを補助教員として雇う必要性はそれほど切実なものではなくなり、学校英語と世間の英語の溝が狭まるという好ましい結果がもたらされる。自尊心の向上、学習に対する熱意の向上、そしてより大きな成功は、ごく自然かつ合理的な結果として期待できよう。

今や、日本英語は世界の諸英語に比肩するものとして立ち上がる準備ができている。日本英語がノア・ウェブスターのような人物の登場を待つ間（ウェブスターは、一八二八年に『An American Dictionary of the English Language』（アメリカ英語辞典）を刊行することによってアメリカ英語を成文化し、世の中に認知させた）、日本でこの新しい英語の変種を受け入れるために、私たちの姿勢や英語指導がどう変えられるかについて考えてみるといいだろう。もちろん、日本英語を受け入れることは、ほとんどの公的機関および教育機関が好んであげる目標に対立するものになることは理解している。けれども、日本英語を本気で受容することは、日本における英語教育の成功を阻んでいる多くの問題を解決するための格好の第一歩となるのではなかろうか。

4 日本における英語の将来

前掲の「認知されるべきときに来ている日本英語《ジャパニーズ・イングリッシュ》」というコラムは、ものすごい賛否両論を呼び起こし、私はまるでハチの巣を踏んでしまったような気がした。私の考えが気に入った読者は、有益な考察として受け取ってくれたようだったが、不快感を抱いた読者は、日本英語は他の英語に劣るという点を主に強調し、英語の正しい水準を掲げ損なったとして私を非難した。

私が得た最良のアドバイスは、いずれか一つという両断論理はあきらめるべきだというものだった。日本英語を認めるか、認めないかといった問題に焦点を絞るのではなく（日本英語の定義は人によってさまざまなので）、より穏やかに日本における今日の英語使用と望ましい英語使用を浮き彫りにし、望ましい形への変化を促す手段について考えたほうが有益だ、というものである。

私たちが直面している事実はこうだ。日本には英語がたくさん入りこんでいるが、そのほとんどは「借用語（外来語）」として、日本の言語に埋め込まれている。その言葉に新たな発音と意味が付与されることもよくある。日本語と英語の発音は非常に異なっているため、日本語のネイティブスピーカーにとって、世界で使われている多くの諸英語を話したり理解したりするのは難しい。とはいえ、非常に多くの日本の人々は、英語の話者を理解したり彼らと会話をしたりすることを目的に、英語の流暢さを身につけようとしている。流暢さをいくらか身に付けた人はたくさんいるが、自分の非標準的な英語の発音を恥ずかしく思っている人も多い。

a　新たな形の言語への批判

英語の歴史を見れば、英語は常に現在の形を保っていたわけではなく、歴史を通じて大きく変わってきたことがわかる。通常、変化の要因は外国語の影響だった。もちろん、英語が変わるたびに、新しい形の言語を批判する者たちは、なじんできたものを見慣れないものから守ろうとする。ステファノ・グアッツォ(Stefano Guazzo)の〝La civile conversatione(洗練された交際)〟を一五八六年に英語に翻訳したジョージ・ペティ（George Pettie）は、英語を批判する者たちが「(英語のことを）不毛で、粗野で、評する価値もないとみなしている」と不満を述べている。その後の数世紀において、さまざまな形式の英語は、価値あるものと証明されることになった。とはいえ、そう認められるには時間がかかるものだ。

〝日本英語〟（〝Japanese English〟）という用語の使用も批判を浴びた。一部の読者にとって、この言葉は、無能な教師から大学入試システムまでのありとあらゆる悪いことを想起させるものだった。また他の人たちにとっては、〝日本英語〟は習得が不十分な英語――一連の〝中間言語〟――すなわち、英語でも日本語でもなく、その中間にある言語を思わせた。一部の読者は、私が日本人学習者の英語を〝化石化〟させようとしているのかと訊ねてきた。つまり、英語の学習レベルを劣ったレベルに固定化させようとたくらんでいるのではないか、というわけである。

日本英語が劣っているとみなす反応は、私の気にそまなかった。というのは、これはあまりにも怖れや嫌悪感に近い感情であるからだ。実のところ激情にかられて、日本英語のことを「不愉快だ」とか「理解不能」と表わした読者もいた。私には、こういったレベルの偏見を抱く人たちが、日本にいる英語教師としていかに幸福を見出しているのかわからない。

味方と敵方を分かつ〝我ら／彼ら本能〟は、人間にとって生存にかかわる本能だ。けれども、その結果は悲惨なものになることがある。聖書（士師記第十二章）には、三千年ほど前に生じたギレアデ人とエフライム人の戦いに関する記述がある。戦いに負けたエフライム人の多くは、ギレアデ人のふりをして逃げようとした。だが、ギレアデ人と称した者たちには、「シボレテ」と発音する簡単なテストが課せられた。エフライム人は、たとえ命がかかっていても「シ」の発音がどうしてもできなかった。そのため何千人もの人々が斬り殺される運命をたどったという。

日本英語を容認することにおける理性的な反論のひとつは、支持者がまだ少数であるため、英語のネイティブスピーカーが存在しないときに英語を使って会話しようとする人は比較的少ないだろう、というものだ。鳥取大学のトレヴァー・サージェント准教授は、次のように指摘した。支持者である話者が少ない状況においては、日本人が話す英語は未だに「出現しつつあるという発展途上の段階――つまり〝現在進行中の状態〟――にあるものなので、それを実体であるかのように示唆する名前を付けることは、その進行中の状態を見失わせることになる」と。サージェント氏が提案したのは、「日本英語」と呼ぶ代わりに「ほとんどの日本人が英語を使用する方法」――すなわち「日本人の英語使用法がすでに独立した英語の変種になったということを示唆しない」用語――を使ったらどうかというものだった。

b スタート地点を下げる

英語がある程度自由に使えるようになるまで、英語学習者に高水準の文法と発音を要求すべきではないという私の提案に賛成した読者もいた。こういった人々は、脳の音韻パターンが日本語に固着するまで英語学習を遅らせることの不公平さについても賛意を表した。

愛知教育大学の道木《どうき》和弘《かずひろ》教授は「英語にはさまざまなタイプがあること、そしてそれらに序列などないことを、日本人は理解すべきときに来ているのです」とコメントした。

道木教授は続けた。「私は大学生に十二年間英語を教えてきましたが、学生たちがなぜこれほど日本的発音を恥ずかしく思っているのかといぶかしむことがよくありました。おそらくその理由のひとつは、高校の英語教育にあるのでしょう。〝正しい〟発音で話すように教えられる一方で、〝正しい〟発音がマスターできる最上の時期はとうに過ぎ去ってしまったことを知ってがっかりさせられることが往々にしてあるからです。もうひとつの理由として、日本には長いこと西洋文化を輸入してきた歴史があるので、いまだにイギリス英語やアメリカ英語といった英語が他の種類の英語より上等だと考えがちなのかもしれません」

ある読者は現在の英語教育制度を、最初のバーが一・八メートルにセットしてある高跳びになぞらえた。もし最初のバーをもっと低い位置に設定すれば、生徒たちは、バーを飛び越える体験を楽しむことができるだろう。そうすれば、常にがっかりさせられる現状に引き換えて、生徒は向上への意欲を保ち続けることができるかもしれない、と。「もちろん」と彼女は付け加えた。「これは教師にさらなる負担を強いることになるでしょう。教師は、いつ、いかにしてバーの高さをあげるべきかを把握していなければならないのですから」

日本人の英語使用が増えるにつれ、その英語は、おそらく日本独自の特徴とパワーを増してゆくことだろう。もし私たちが、最終目標を低い達成レベルに下げることなくこの発展を奨励することができれば、教育方略の向上と学習者の自尊心の向上を同時に果たす方法になるかもしれない。

5　歴史と伝統

二〇〇九年から私は、大学院で新しい講座を教え始めた。「日本に重点を置いて見た英語教育の歴史」というのがそれである。私がこの講座を開いた理由は、文法訳読のような言語指導慣行を温存している歴史的な力について自分なりの結論を出したかったことと、オットー・イェスペルセン（一八六〇―一九四三）やハロルド・パーマー（一八六〇―一九四三）といった言語指導のパイオニアたちの思想について理解したかったことにあった。さらには、福山平成大学の小篠《おざさ》敏明《としあき》教授のような日本における英語教育史専門家の思慮深い業績に感銘を受けたからでもあった。

新しい講座を教えるときは常に、学生よりずっと多くのことを学ぶことになる。この講座でも、教えることを通して数多くのことを学んだ。とても信じられないような歴史的報告や、革新的な物事の敗北が繰り返し起こるプロセス、そして専門家による所見や提案といったことは、数世紀も続いてきた歴史的プロセスに現代の知見をあてはめてみることによって理解できる場合がある。歴史を学んで得られる最も重要な教訓のひとつは、人間とはほとんどの場合、やるべきことがやりとげられないということである。

a　インスピレーションの喪失

学生も私も、時間の経過は、ある傾向を伴うことに気付いた。これは、教育に限らず生じることだ。すなわち、創造的な刺激をもたらす感動的な活動というものは、善意ある信奉者によって定型化されがちなのである。その結果、形式は温存されるものの、即時性という非常に重要なフィーリングが失われてしまう。教科書は書かれる。シラバスと授業計画は成文化される。試験も作成される。けれども、それらはすべて、当初の創造的な感動を失っている。

とりわけ英語教育の歴史は、劣化プロセスの例に満ちている。コミュニカティブ・ランゲージ・ティーチング（CLT：コミュニケーションのための言語教育法）も、このプロセスの近年の例だ。多くの教師や生徒たちにとって、CLTは、今や特別の意味も興味も抱かせない退屈な難儀として受け取られるようになってしまった。CLTの創始者の一人であるサンドラ・サヴィニョンが言ったように、〝コミュニカティブ〟と呼ばれているもののほとんどは、実際にはコミュニカティブではない[*一]。効果的な指導を行うには、創造力の火花が学生の心に達しなけ

＊一　Sandra Savignon。サヴィニョンは、一九九五年に開かれたthe Japan Association for Language Teaching（全国語学教育学会）の総会講演において、CLTが陥った苦境について身を切るように語った。Savignon, S. J. (1996). Language, social meaning, and social change: The challenge for teachers. In van Troyer, G. et al (Eds.). On JALT 95: Curriculum and evaluation (pp.138-144). Tokyo: The Japan Association for Language Teaching.

ればならないが、この火花というものは説明が難しく、それを捉えて伝えることはさらに困難だ。

これから見ていくように、明治時代から現在までの日本における英語教育も、劣化プロセスの一例である。英語は、実際に使える楽しいものから、一連の空疎な儀式に変貌してしまった。今日の英語教育は、ほとんどだれも楽しめず、多くの人にとって苦しみをもたらすものでしかなくなっている。

定型化されたテクニックから生命が失われる事実を知った上で、私たちが認識しなければならないのは、言語教育とは、学校で教える他のどの教科にもまして、定型化はできないこと、そして大人数のクラスでは、効果的に運営できないという事実だ。これは、教育行政担当者や納税者にとっては憂鬱な知らせだろう。というのは、その解決策は、少人数クラスの実現と教師側のさらなる準備が必要になることを暗示しているからだ。緊縮財政の昨今、もっとも明らかな代替案とは、現在の定型化された授業システムを継続し、事実上、実証済みの文法訳読方法と明示的な暗記手段を温存することだろう。

新たなアイデアに対する官僚的な反応とは、それを握り潰してしまうことだ。だが、組立工場型の教育を受け入れてしまう前に、ほんとうに効率化できることはどこにあるのかを考えてみよう。日本にとって、八十年以上前にハロルド・パーマーが行った提案より新しく有益なものはない。歴史を通じて、パーマーの洞察は何度か再検討されてきたが、たいていの場合、実践的でないとして、その都度却下されてきた。というのは、それが最も効力を発揮するのは、少人数のクラスにおいてであり、さらには教師が生徒と英語で会話することが必要になるからだ。

だが、もしパーマーの英語教育技法（覚えているだろうか、脳全体を使う技法だ）が、現在の左脳に基づく技法よりずっと効率的であることが判明したら——たとえば、もしパーマーの技法が現在のものより五倍も効率的だとわかったら——学校は英語をより少人数のクラスで、より短期間に教えることができるようになり、しかも費用削減も達成することができる。教師が生徒に英語で話しかけることについては、文科省がすでにその実現に向かって努力している。けれどもそれは、訳読アプローチから離れる動きの一環としてでない限り、実現は難しいだろう。

b　訳読が占める位置

日本において、人生で他者より抜きんでる方法は、試験に合格することだ。この制度化された慣行は能力主義として尊重されている*一。実生活においてこの慣行が生み出したのは、資力と時間的余裕と野心のある人々が試験に備える受験勉強だ。その結果当然のことに、テストではある種の儀式的な標準化が生じ、その内容は実生活に役立つものからかけ離れてしまった。

受験勉強に加わらずに実用的な英語力を伸ばす機会を見つけている子供たちもごく一部いる。日本人は英語が身に付かないという固定観念にもかかわらず、こうした子供たちの多くは、う

＊一　プラトンが理想とした能力主義とは、官僚が、その資質に最もふさわしい地位に昇格するような社会だ。だが、この理想的な社会に少しでも近づいたところは存在しない。というのは、社会の成員、とりわけ子供を持つ親たちが、自分たちとその子供たちの利益追求においてなりふり構わずふるまうからである。

まくやってのけている。その一方、テストの英語というものはこれとは全く違うもので、その目的は、英語で他者とコミュニケーションをとる能力を伸ばすことにあるのではなく、人生におけるキャリアチャンスを高めることにある。

受験勉強と対をなすのが、〝訳読〟という勉強法で、テストに直結する勉強法である。生徒の英語における流暢さを伸ばそうと日本にやってくるネイティブスピーカーの英語教員は、訳読の存在価値が理解できないことが多い。具体的に言って、訳読が維持されている最強の理由は、受験勉強を通して人生のチャンスを決定する既存のシステムにすんなりなじむからである。

大阪に住む私の歴史課目の学生は、訳読についてレポートを作成し、日本の昔からの伝統である漢文と素読について次のように書いた。日本では千年以上にわたり、教養を授けられる子供たちは、中国語を「日本独自のやり方で読み書きすることによって身につけてきた。中国人とコミュニケーションを図ることを目的として話したり聞いたりすることによって覚えたわけではなかった。」この学生はさらに、明治時代に生じた革新的な変化についても検討した。当初、一八七七年（明治十年）の時点で、東京大学（のちの東京帝国大学）では、ヨーロッパ言語、とくに英語によって授業が行われていた。けれども一八八三年（明治十六年）には、高い資格を持つ日本人教官の数が増えたため、東京大学における教授言語は、ほぼすべて日本語になった。それまでコミュニケーションを目的として教えられていた英語は、こうして、大学入学試験にのみ必要な言語になったのである。学生はこの新たな状況を次のように要約した。

英語は今や、入試のための教科となり、入学試験で読み、書き、翻訳能力が試されるようになった。英会話力を駆使する必要も、その機会もほとんどなかったため、学生はリスニングとスピーキングにおける能力を無視して、リーディングとライティングに力を注ぐことができた。かくして、訳読は能力主義の中で正当化されたのである。

この学生は、日本の歴史および社会経済体制という二つの観点から見た訳読の役割に対して、次のように結論づけた。

日本における英語指導を、よりコミュニケーションを重視したものにしなければならないという考えに反論する者はいないだろう。だが私には、旧弊の無用の長物として訳読をあわただしく手放してしまうのは得策とは思えない……求められているのは、明確な目標を立てて、四つのスキルをバランスの取れた形で伸ばすこと、そして英語をスケジュールの立て込んだ教科にしないことである。

c　受験英語に代わるもの?

日本に来て初めて二月を迎えたとき、私はすばらしい花を見つけた。そっと小枝を折って職場に持ち込み、その日以来、この花は私にとって世界で一番愛する香りを放つ花になるだろうと日本人の友人に伝えた。この友人に花の名を訊ねたところ「沈丁花です」という返事が返ってきた。だが彼は「その花は大嫌いです!」とつけ加えたのだった。彼は幼いころから受験勉強にあけくれてきたという。沈丁花のにおいは、試験を受けるために学校にとぼとぼと向かった記憶をいつも思い起こさせた。試験は常に沈丁花が咲く季節を選んで行われるかに思えた。勉強を休むことも、若者らしいゲームや楽しみを味わうこともかなわなかった彼は、まるで沈丁花にあざわらわれているように感じた。結局、彼の受験勉強は良い結果をひとつもたらした──東大合格である。けれども沈丁花は、失われた若き日々を永遠に象徴するものになったのだった。

英語の試験を行うことは、実のところ、若い人々にひどい仕打ちをしているのである。試験そのものは必要かもしれない。日本の社会と雇用システムを織りなす糸として組み込まれているのだから。たとえば数学のような分野における試験は、よく考えだされた適切なものなのだろう。けれども、英語の試験は、教師、生徒を問わず、すべての人に居心地の悪い思いをさせる。英語を明示的なルールのシステムとして身につけることは誰にもできない。発音に自信がある者もほとんどいないし、イディオムの使用に至っては、いわずもがなである。英語は本来、ほかのどの言語とも同じように、コミュニケーションのためのもの、相手を理解するためのもの、そして楽しむためのものだ。そういった本来の特質が、入試科目にされることで損なわれてしまっている。

新しい言語を学ぶことにより、新たなコミュニケーション方法と、慰めが得られる新しいコミュニティー──新たな友人、新たな本、新たなアイデア──への扉が開かれるだろうと期待するのは、ごく自然な人間の反応だ。だからこそ、たとえ日本で育ったとしても、英語を新たに学び始める生徒たちは、それが新しい体験への扉になるものとしてではなく、習得できる希望のない、暗記用の明示的なデータとして扱われていることを知って愕然とするのである。

この幻滅は、入試英語に接することを通して、どの年齢の生徒たちにも生じる。二〇〇九年九月八日号の『The Daily Yomiuri』には、英語を嫌う中学生と小学生に関する記事が掲載されている*一。中学校のエピソードは、おなじみのもので、ベネッセコーポレーションが行った調査の結果は、次のようなものだった。

中学生のあいだで英語を学ぶことに最もやる気を感じているのは中学一年生で、それは四三・六％の中学一年生がそう答えたことに現れている。しかし、それから一年もたたないうちに熱意は薄れ、生徒たちは英語が苦手であるという意識を抱き始める。

小学校における幻滅の報告は、これより意表を突かれるものだった。情報発信地は、英語学習が小学校三年次から始まる台湾。多くの小学生が「言語スキルを発達させるプロセスで、挫折感を感じている」ことが報告されており、「英語を学ぶときに自信をなくすのは、子供たちによく見られることだ」という、ある大学教授のコメントが掲載されていた。

子供たちが自信をなくすのは、テストにより、明示的知識を覚えるのに失敗したことが明らかになったときだけだ。問題は、英語力を伸ばすことにあるのではない。この点は、早かれ遅かれ、何らかの進展が見られているはずだ。問題はテストをすることにあるのである。ノルウ

＊1　"Study: English confidence falls in 1st year of middle school," and Minamoto, Kazuhide, "Does English hurt drive?" The Daily Yomiuri, September 8, 2009, p.14.

ェーの方法に沿った方がずっといい。言語テストの専門家であるアーサー・ヒューズによると、「(ノルウェーでは) 英語の習得は非常に成功しているようにみうけられるが、十三歳以下の子供たちに正式な英語の試験が課されることはない」という*一。

英語学習と入学試験とを切り離すことは、双方にとって好ましい結果をもたらすうえ、何百万人もの人々をストレスから解放することになるだろう。入学試験のために英語を知的課目として使用することは、英語のイメージを変質させてしまいがちで、その結果、英語は人間関係を促進する手段ではなく、一連の知的パズルのように見えてしまう。入学試験から英語を解放すれば、人生のチャンスを振り分けるための断片知識のテストという現在の役割のプレッシャーを取り除いて、世界への扉を開く手段という、より自然な役割を英語に与えることができるようになるだろう。

入試科目としては、英語以外に、より目的にかなう知的科目があるように思われる。現代の日本では、英語よりも、もっと事実に基づく(左脳を使う) 科目をテストと授業で指導するように編成しなおしたほうがよいのではなかろうか。現状とそれを変更することについて、実際にどう感じるかを見てみるために、ここである思考実験をしてみよう。

新儒学能力主義に資することにおいて、英語より効率的な科目は地理かもしれない。地理学は、言語と同じように規則性を持ちながら、無限に複雑な深みを有しているため、教える面に

*一 Hughes, Arthur (2003). Testing for Language Teachers, 2nd ed., p.199. Cambridge: Cambridge University Press.

おいても学ぶ面においても、望むだけ掘り下げることができる。そのための受験勉強は、国家公務員になるにしても民間企業に就職するにしても、受験者の人生にとって有益なものになるだろう。生徒たちが教えられる比較的無益な英語の技術的知識（流暢さは欠落している）と違って、地理学の基本知識は、地学や生態学といった科学に応用できるだけでなく、国際政治学や国際貿易といった人間活動にも有益だ。海外旅行にも役立つ。

生徒のやる気については、地理は、英語より「習得は無理だ」といった士気の低下を引き起こすことが少ないだろう。こういった負の感情は、クラス全体の雰囲気を不機嫌で無愛想なものにしてしまう。多くの教師も今、自分の英語の発音のまずさや流暢さの欠落に罪悪感を抱いている。けれども、地理なら、個人の能力の欠如といった感覚に苛まされる必要はない。覚えるための時間を割くか、割かないか、だけの問題だ。もちろん、地理に優れた生徒とそうでない生徒の差は生まれてくるだろうが、それでも、生徒全員が、面白くて潜在的に役に立つ知識を身につけているという感覚を持つことができるだろう。地理なら、教師たちも発音や流暢さについて罪悪感を抱かなくてすむ。

英語から地理への切り替えという提案は過激すぎるだろうか？　ゼロの段階から組み立てるという贅沢はないため、既存の慣習や制度に照らすとすれば、これはおそらく過激すぎる変化と言えるかもしれない。英語から地理への切り替えに数年間かかることは確かだ。教科書出版社は、学年ごとの教科書を用意しなければならないし、あらゆる大陸や島や大洋を含めた様々な地域別の教科書も作成しなければならないことになる。

試験も抜本的な改変が必要になる。アメリカの大学入試協議会（the College Entrance

Examination Board）は、大学進学を希望する高校生のための「Advanced Placement」プログラム（APプログラム）において、優れた人文地理の試験を提供している。こういった試験は、日本で新たな試験制度を構築することにおいて、格好の足がかりになるだろう。

もちろん、大学の中には、英語の入試を行い続けたいと考えるところもあるだろうから、塾の教科書や、ついでに言えば、塾や予備校が年月をかけて完成させてきた英語指導は、ほとんど変わらないことになるかもしれない。それでも、こういった補助的な教育機関も地理を教える専門性を徐々に高めてゆくことになるだろう。

以上は、現状はどのようなものか、そしてほんとうに重要なのは何かを確かめるための思考実験だ。ほとんどの日本人は、現在英語が教えられている方法について不満を募らせている。現在の教育方法は、明らかに多くのケースにおいて、満足のゆく実践的結果を生み出さず、大部分の生徒にとって外国語学習への意欲をはなはだしく失わせている。この思考実験では、英語を入試科目から外すことがまったく非現実的なことではなく、何らかの利点さえあることがわかったと思う。

私たちは英語からプレッシャーを取り除く方法の模索を続けることにより、〝恩恵をもたらしてくれるものであって迷惑なものではない〟という本来の地位に英語を戻すよう努めなければならない。生徒たちは、美と深遠を表現する手段として新渡戸《にとべ》稲造《いなぞう》の心を占めていたような地位にまで英語を高めることができるはずだ。新渡戸が英語で綴った著書『武士道』は、次の文章で始まる。彼の文章は単に文法的に正しいだけでなく、耳に心地よい美文だ。

Chivalry is a flower no less indigenous to the soil of Japan than its emblem, the cherry blossom; nor is it a dried-up specimen of an antique virtue preserved in the herbarium of our history. It is still a living object of power and beauty among us, and if it assumes no tangible shape or form, it none the less scents the moral atmosphere and makes us aware that we are still under its potent spell. ＊一

（矢内原忠雄訳）

武士道《シヴァリー》はその表徴たる桜花と同じく、日本の土地に固有の花である。それは古代の徳が乾《ひ》からびた標本となって、我が国の歴史の腊葉《さくよう》集中に保存せられているのではない。それは今なお我々の間における力と美との活《い》ける対象である。それはなんら手に触れうべき形態を取らないけれども、それにかかわらず道徳的雰囲気を香らせ、我々をして今なおその力強き支配のもとにあるを自覚せしめる。

＊一　新渡戸稲造（一八六二—一九三三）は、洗練された英語を話し、書いた。それは、彼が明治初期に知識への渇望を通して身に付けたものだった。英語に情熱を燃やした新渡戸は、英語を指して「唯一の知恵の木」と呼んだことがあった。『Bushido』は一九〇五年に英語で出版された。本書の引用は、東京、Turtle Publishing、二〇〇一年版による（ここに転載した邦訳は、新渡戸稲造著『武士道』矢内原忠雄訳、岩波文庫、一九三八年より）。

D　最後に

日本の英語教育の現場で何が起きているのか、何ができるかについて意見を述べてきた今、教師と生徒のみなさん、そして教育政策担当者の方々に、最後の言葉を贈りたく思う。

1　教師と生徒のみなさんへ

英語の授業が変われるという可能性について考えてみてほしい。学習者が急速に英語で考えられるようになると教師がみなし、この前提に基づいて、授業のあらゆる瞬間を、その達成に向けて導くようにすることは可能だ。こういった授業は、イマージョン・プログラムの授業やパーマーが思い描いたような授業で、すでに実現している。

英語が流暢に使えるようになり、しかも試験に合格できるようになるための最良の道は、英語のフィーリングを育てることにある。生徒諸君は英語を一連の暗記事項を覚えるように外側から学ぶのではなく、心の中から身につけるようにするべきだ。

英語で考えることは、翻訳作業を介さないで、直接行うようにしなければならない。英語以外の科目を、英語を教授言語として教えることは非常に有効だ。脳内では、永遠に変化を続ける神経回路網が言語を処理し、ますますその処理スキルを高めてゆく。私たちが言語習得度を高めるにつれ、この神経回路網は学習言語ごとにより小さく、より緊密に編成されて、処理速度を向上させる。第二言語学習に関する明らかな金言とは、やさしい素材を使って練習を重ねることが、より早く自動的な処理を促すということだ。この理由から、私は生徒諸君に、たやすく理解できる英語に触れる機会を数多く手にするように勧めたい。その手段のひとつは、非常にやさしい習得度別の副読本をたくさん読むことである。

言語は脳全体に教え込まなければならない。つまり、言語を形式という明示的な知識として左脳に教えるだけでなく、意味をやりとりする微妙な手段として右脳に教えることも大切だ。生徒の脳全体を英語に向かわせる方法には、さまざまなものがある。即時性、反復、そして断片的な授業ではなく集中授業として学ぶことも重要だ。生徒たちに、現実的な状況で会話を行うときに使える自動的な相槌などのフレーズを教えること――これは無視されがちだ――も大切である。

大きな課題は、生徒たちが言いたいことすべてを言うことができないとき、そして理解したいすべてが理解できないときに、どういう態度をとるべきかを教えることだ。今まで私たち教師は、こういった状況に直面したら、礼儀正しく沈黙して曖昧な表情を浮かべるようにと、暗黙のうちに教えてきた。だが、これこそ、まったくしてはならないことである。生徒たちには、意味をつかみ取って、それを返すという、積極的な習慣を身につけさせることが必要だ。

2 言語学習における政策

日本の言語学習政策は、大幅な改善が求められている。新聞には、入学試験のために英語を教えることに対する批判があふれているが、この慣行は経済的にも組織的にも文化的にもしっかり定着しているので、実用的かつ個人の楽しみに合わせて英語を教える方向に流れを急に変えるのは無理だろう。

日本が抱く英語の目標というものも、未だに定まっていないように見受けられる。この国家的なためらいは、そのまま文部科学省内に反映されているようだ。私は、明治維新を成し遂げたほどの国なら、本気になりさえすれば「英語の話せる日本人」を生み出すことは可能だと思う。今や課題は、何ができるか、どうすればできるかを概念化することだ。

システム全体にはびこる問題を教師のせいにする習慣については、強く批判したい。こういった問題は、教師たちのせいでもなければ、それを直す力も彼らには託されていない。これではまるで、戦争に負けた責任を歩兵に押し付けているようなものだ。教師たちは、自分の責任ではないことについて糾弾されているのである。とりわけ悲しいことに、日本の教師たちは過重労働にあえいでいる。どれほどの指導技術訓練を積んだところで、この問題の解決にはならない。教師を見守って仕事量を制限する監督者——あらゆる産業界に存在し、ほとんどの国では教育機関にも存在するスーパーバイザー——が存在しない限り、指導法の向上や成果を期待するのは無理な話だ。

私の意図は、本書でとりあげた各テーマについて、何か新しく役に立つ考えを示し、ときには読者が有益な考えを持てるよう刺激することにあった。私の心のなかには、理論的にも健全で、教師と政策立案者にとっても実践的である、統合された言語学習の概念がある。それでも私は、コロンビア大学の数理社会学教授だった故ポール・ラザースフェルド教授の言葉を鮮やかに思い出さざるを得ない。教授は一度、フラストレーションにかられ、私たち学生に向かって「どうして君たちには、これがすぐに理解できないのか！　私の中ではこれほどはっきりしているのに！」と叫んだことがあったのだ。書き手の苦労とは、思考のすべてを個々の単語のつながりに変えようともがくことである。本書において、この努力が完全な失敗には終わっていないことを願って筆を置くことにする。

穴埋め問題の解答例

（第I部 D-2-a）

Happy-Face Marathoner

On September 24, 2000, Naoko Takahashi slept late. Then, listening to J Pop singer hitomi on her earphones “to feel upbeat and energized” and wearing sunglasses, she faced the starting line of the Olympic marathon in Sydney.

It was a warm day in Sydney, too warm for a fast marathon (race) . The course was not flat; instead there were many ups and downs. The world’s best (fastest) runners were in the race, among them Lidia Simon from (of) Romania.

At first, Takahashi and the two other Japanese runners stayed behind the leaders. Takahashi ran with her usual style. Her left foot pointed outward and her right hand seemed to wave to the spectators.

After 17 kilometers, Takahashi began (started) to run faster. Only Simon could stay with her. Takahashi and Simon ran side by side until the 35-kilometer mark. Takahashi’s face was relaxed. She said later that she felt really happy to run together with Simon. Simon, who had trouble running so fast, did not look relaxed.

Around the 35-kilometer mark there were some really difficult hills. At that point, Takahashi removed her sunglasses and began to run even faster. She said later that taking off her sunglasses made the world look different. In this new world, she ran away from Simon. Soon she was 30 seconds ahead. Then Takahashi ran by herself, enjoying the warm day and the people along the course. She won the marathon (race) with a big smile on her face.

（訳例）笑顔のマラソンランナー

二〇〇〇年九月二十四日、高橋尚子はゆっくりと起床した。その後、〝強気と活力を充たしてくれる〟Ｊポップシンガーのヒトミの曲をイヤフォーンで聞き、サングラスをかけて、シドニー・オリンピック・マラソンのスタートラインに立った。

その日のシドニーは暖かかった。速い（記録が期待できる）試合には暑すぎる気温だった。コースは平坦ではなく、起伏に満ちていた。レースには世界最速の走者たちが居並んでいた。ルーマニアのリディア・シモンもその一人だった。

当初、高橋ともう二人の日本人走者は、先頭グループの後につけていた。高橋はいつものスタイルで走った。彼女の左足のつま先は外側に向かい、右手は、観客に手を振るかのように振られていた。

十七キロメートル地点で、高橋はスパートをかけた。彼女についてくることができたのは、シモンだけだった。高橋とシモンは三十五キロメートル地点までつかず離れず走った。高橋の表情はリラックスしていた。彼女はのちに、シモンと共に走れたことはとてもうれしかったと言った。これほど早いペースで走ることが苦手だったシモンは、リラックスしていたようには見えなかった。

　三十五キロメートル地点のあたりに、非常に厳しい上り坂があった。その時点で、高橋はサングラスを外し、さらにペースを上げた。のちに彼女は、サングラスをとったことで世界が違って見えたと言った。この新しい世界で、高橋はシモンを突き放した。ほどなくして、高橋はシモンより三十秒前を走っていた。高橋は独走態勢となり、暖かな一日と沿道に立ち並ぶ人々の応援を楽しんでいた。彼女は大きな笑みを浮かべて、マラソンレースの優勝を勝ち取った。

(D-2-b)

London was very noisy and (lively, busy, crowded など). Pocahontas was interested in everything. She went (inside または into) shops, looked at books, and tried on (shoes, gloves, clothes など).

（訳例）

　ロンドンはとても騒々しく（　＊　）だった。ポカホンタスにはあらゆるものが面白く思えた。彼女はいくつもの店に（入って）、本を眺めたり（　＊　）を試着してみたりした。

＊自由解答

"Hurt?" Pocahontas (asked, said, exclaimed など). "Is John Smith hurt?"

"Yes," said the man. "There was an explosion."

(訳例)

「けがですって?」ポカホンタスは(訊ねた、言った、叫んだ、など)。「ジョン・スミスさんはけがをなさったの?」

「そうです」と男が言った。「爆発があったんです」

訳者あとがき

本書は、一九九九年の暮れから二〇〇七年の夏にかけて、英字新聞『デイリー・ヨミウリ』紙に九十五回にわたって連載された〝プラクティカル・リングィスト〟のコラムを精選・編集し、全面的に改訂を行ったテキストを翻訳したものである。著者マーシャル・R・チャイルズ氏は、現在、テンプル大学日本校教育学部大学院で教鞭をとり、言語学習、心理学、経営心理学を指導している。

チャイルズ氏のアカデミックな経歴は実に多彩で、ハーヴァード大学で英文学を学び、IBM社に勤務しながらニューヨーク大学でMBAを取得。その後、コロンビア大学の博士課程で社会学を履修したのち、IBM日本支社に転勤になり、五年後に退職して、テンプル大学で教育博士号を取得している。その博士論文は心理学に深くまつわるものだった。当然のことに、本書の内容には、氏のこの豊かな学識と経験が存分に反映されている。

「はじめに」にあるように、チャイルズ氏は、一九九一年以来、言語学の研究に人生を費やしてきた。その中で見えてきたのが、日本における英語教育の現状と問題点である。「日本人は英語が下手だ」、「中学校と高校を通して六年間も英語を学んでいるのに、ほとんど使いものになならない」といった言葉は、わたしたち日本人自身がよく口にするお馴染の嘆き文句だ。そこで、チャイルズ氏は考える。なぜ、そうなのだろうと。氏がまっさきに挙げるのは、社会学で言う「自己成就の予言」だ。つまり、「英語は難しいから、身につけることなどできない」と思い込んでしまうために、それが現実になってしまう、というのである。氏はさらに、なぜ、そう思い込んでしまうのかについても、ひとつひとつ検証してゆく。とりわけ日本人の英語学習を難しくしていると氏が考えるのは、英語と日本語の音の違いだ。「簡単に言えば、日本語を話す人と英語を話す人は、互いの言葉が聞き取れないのである」。だから恐怖心を抱いてしまうのだと、氏は言う。この状況を打開するためのヒントをチャイルズ氏はいくつか挙げる。その一つが、様々な音韻を受け容れる柔軟性を脳がまだ失っていない時期に、英語を教え始めるべきだという提案だ。

二〇一一年四月から、日本の小学校でも英語が必修化された。とはいえ、実際には、ほとんどの小学校では「総合的な学習の時間」を使って、英語活動をすでに行ってきており、「必修化」のねらいの一つは、それまで学校により異なっていた実施時間や内容のばらつきを解消することにある。これでようやく日本でも英語の早期教育が正式に始まったかに見えるが、本文の中で「シェルドン氏」が指摘するように、教える対象は小学五、六年生のみ。割かれる時間も週に一コマ（年間三五時間）だけだ。ちなみに、国語や算数のような「教科」ではなく、「領域」に分類される『外国語活動』として位置づけられているため、中学校や高校の英語のように、成績が数値により評価されることはない。韓国では、一九九七年から小学三年生以上の英語の授業が必修になり、中国では、場所により様々ではあるが、平均的に小学三年生から、早いところでは、小学一年生から英語の授業が始められている。台湾では、二〇〇一年に小学五、六年生における英語教育が必修化され、二〇〇三年には早くも必修学年を三年生に前倒しすることが決定。そして二〇〇五年から小学三年生の英語必修化が実現した。こういった近隣諸国に比べると、日本の出だしは遅いという感が否めない。

文部科学省の『新学習指導要領』によると、外国語活動の目標は、「外国語を通じて、言語や文化について体験的に理解を深め、積極的にコミュニケーションを図ろうとする態度の育成を図り、外国語の音声や基本的な表現に慣れ親しませながら、コミュニケーション能力の素地を養う」とある。このとおりの目標であれば、小学五、六年生まで遅らせる必要はないように思われる。年齢が低ければ低いほど、子供たちは、素直に外国語を受け容れられるのだから。とはいえ、実施上の課題や不安材料もある。おそらく、保護者のみならず、教師自身も抱えている最大の不安は、誰が、どうやって教えるのか、ということだろう。また、小学校だけでなく、中学、高校の現場でも「コミュニケーションのための英語」に重点がシフトするなか、戸惑っている教師が多いに違いない。チャイルズ氏は、教師の立場にことさら同情を寄せており、本書でも折にふれ、教師が置かれている厳しい現状について述べている。氏は、日本人の英語教師を心から助けたいと願っており、そのためのヒントも数多く示しているが、とりわけ「日本人英語教師への公開書簡」は、ぜひ教師の方に読んでいただきたいと、心をこめて書かれたものだ。

チャイルズ氏は、第一部で問題点を、第二部で状況改善のヒントを挙げ、第三部では、日本における英語教育の長期目標とその可能性について述べている。様々な角度から掘り下げて検討されるのは、バイリンガリズムを含む多言語主義だ。とくに、日本におけるイマージョン教育のパイオニアである加藤学園の取り組みについては、内部情報を交えて詳しく解説している。現在、イマージョン・プログラムはさらにいくつかの教育機関で採り入れられるようになってきているが、加藤学園の例でも明らかなように、運営には多大な労力と多額の費用を必要とする。イマージョン教育の是非についても、議論が闘わされているが、将来の教育における一つの方向を示す取り組みとして、目が離せないことは確かだ。第三部ではまた、わが子をバイリンガルに育てようと取り組む日本人夫婦や国際結婚した夫婦の体験談が紹介されるとともに、示唆に富む試論が展開される。「ジャパニーズ・イングリッシュ」に関するコラムは、『デイリー・ヨミウリ』に掲載されたときにも、賛否両論の大反響を呼んだ記事だ。また、受験英語という弊害を排除するために、入試から英語を外し、その代わりに地理を入試科目にしたらどうか、という思考実験には説得力があり、思わず頷いてしまいそうになる。だが、チャイルズ氏は言う。英語は、個人の力を豊かにしてくれるものなのだと。だから、英語をなくしたら、日本はさびしいところになってしまうだろうと。

前述したように、本書がカバーしている内容の範囲は、著者の経歴と同じぐらい多岐にわたっている。だが、全体を通して貫かれているのは、日本人の英語を向上させたいという思いだ。チャイルズ氏のまなざしは、そのお人柄と同じように、あくまでも温かい。また本書は、日本の英語教育に関心を持つすべての人々——政府の教育政策担当者、学校運営者、教師、生徒、保護者、そして一般の人々——に向けて書かれたものである。氏が言うように、本書で提案されているさまざまなヒントを思考の糧にしていただけたら、訳者としても嬉しく思う。

本書の企画は数年前に立ちあがり、その後、著者のチャイルズ氏、コーディネーターを務めてくださったデイヴィッド・ベイカ氏と遠藤良子氏、そして編集部と何度も話し合いを重ねた末、ようやく世に出る機会を得た。長い間大変お世話になった皆様に心より御礼申し上げます。

二〇一一年五月

中里京子

著者

マーシャル・R・チャイルズ（Marshall R Childs）

1950年代から60年代にかけてハーバード大学，ニューヨーク大学，コロンビア大学で，英文学，経営学，社会学などを学ぶ。1960年以降，米国IBMのマーケット・アナリストを経て，1985年IBMアジアパシフィックコーポレーション（東京）の市場評価プログラム担当マネージャーとなる。在日中に日本人を対象とした英語教育に対する関心を深め，1991年以降は本格的に日本における英語教育に関与しはじめる。1997年テンプル大学で教育学博士の学位を取得。青山学院大学，加藤学園などで英語教育，教材・プログラムの開発に従事してきた。現在，テンプル大学日本校で，アメリカ史，心理学，言語学などの指導に当たっている。2009年，同大の“Teacher of the Year”（最優秀教師）に選出された。

序文寄稿者

ディヴィッド・P・ベイカ（David P Baca）

1973年上智大学（東アジア研究）卒業後，オクラホマ大学大学院（行政学），テンプル大学日本校（英語教育）に学ぶ。行政学，教育学修士。ビジネス英語コミュニケーションの指導に従事する傍ら，明治学院大学，テンプル大学日本校，神奈川大学などで英語指導に従事。現在，エンドウ語学スタジオ共同オーナー，多摩美術大学非常勤講師。監修書『カガク英語ドリル』（シーエムシー出版）。

訳者

中里京子（Nakazato, Kyoko）

早稲田大学教育学部卒業。翻訳家。実務翻訳家としても20年以上の実績をもつ。主な訳書，ジェイコブセン『ハチはなぜ大量死したのか』（文藝春秋），ドウォーキン『地球最後の日のための種子』（文藝春秋），アントニー『パニック（きっと上手くいく10の解決法シリーズ）』（創元社），スクルート『不死細胞ヒーラ』（講談社）など。

バイリンガルな日本を目指して
イマージョン教育からわかったこと

著　者　マーシャル・R・チャイルズ
訳　者　中里京子

印刷日　2011 年 6 月 30 日
発行日　2011 年 7 月 20 日

発行所　株式会社 学 樹 書 院
所在地　〒 151-0071　東京都渋谷区本町 1-4-3
TEL 03-5333-3473　FAX 03-3375-2356
http://www.gakuju.com
印刷・製本　シナノ印刷株式会社

ISBN 978-4-906502-35-6 C0082
Printed and bound in Japan